前 言

一本好的教材，还要有一本好的辅导书。我们编写会计教科书有两个目的：一是提供会计信息提供者所必须掌握的会计知识，二是提供会计信息使用者为解读会计信息而需要了解的会计知识。本教材是为那些想拥有广博知识的会计信息使用者而编写的，因此，在内容的安排上我们更多地考虑了非会计专业人士对会计信息的使用要求。

面向会计信息使用者这样一个群体，就必须关注他是如何看报表而不是如何编报表的，是如何理解会计信息而不是如何提供会计信息的，特别应注重理解会计信息的经济含义及利用会计信息提高管理决策水平的能力。为此，我们教材编写组根据最新版教材《会计学》(沈航、刘晓英、张黄主编，中南大学出版社 2017 年出版）及该课程考试大纲与教学大纲的内容和要求，结合最新的会计准则，组织编写了《会计学习题集》，希望能对各位立足于从管理者的角度看会计、学会计、用会计的人士走进会计学的知识海洋有所帮助。

为了方便各位非会计学专业的同学对照教材循序渐进地学习会计学课程的内容，本书采用与《会计学》教材的篇章保持一致的体例。《会计学习题集》以考试大纲为依据，根据每一章的考核知识点及考核要求，以灵活的题型、全面的覆盖，确定各种练习题，旨在培养和锻炼同学们的分析问题、解决问题的能力。

本书初稿第一、二、七、八章由沈航执笔，第三、四章由刘晓英执笔，第五、六章由张黄执笔，第九章由周清执笔，第十章由邓小龙执笔，第十一章由唐瑜冲执笔。本书由湖南工学院经济与管理学院沈航、刘晓英、张黄主编，唐瑜冲、周清、邓小龙副主编。本书在修改过程中，《会计学》教材的主编沈航多次对本书初稿进行审阅，并提出了许多修改意见，使得本书内容更加丰富；在修改本书的过程中，还得到学生王炜的帮助。在此，我们表示深深的感谢！

由于时间仓促、水平所限，本书在篇章安排和内容的表述上可能还存在某些缺点和错误，诚恳地希望使用者批评指正，以便以后再版时修订。

编写组

目 录

第一篇 会计基本理论与方法

第二篇 资金来源

第三篇　资金占用

第四篇　资金运动

第五篇　财务会计报告及其分析

普通高等教育“十三五”规划教材
湖南工学院校本级规划教材

会计学习题集

KUAIJIXUE XITIJI

主　编　沈　航　刘晓英　张　黄
副主编　唐瑜冲　周　清　邓小龙

中南大学出版社
www.csupress.com.cn
长沙

第一篇　会计基本理论与方法

第一章　总　论

一、单项选择题

1. 企业提供的会计信息应当清晰明了，便于财务会计报告使用者理解和使用。这体现的是(　)要求。

A. 相关性　B. 可靠性　C. 及时性　D. 可理解性

2. 企业提供的会计信息应有助于财务会计报告使用者对企业过去或现在的情况作出评价，对未来的情况作出预测，这体现了会计信息质量要求中的(　)要求。

A. 可靠性　B. 相关性　C. 可理解性　D. 可比性

3. (　)是企业内部主要的会计信息使用者。

A. 企业管理者　B. 企业职工　C. 债权人　D. 政府部门

4. 以下关于会计的特征，说法不正确的是(　)。

A. 会计是一种经济管理活动　B. 会计是一个经济信息系统

C. 会计采用一系列专门的方法　D. 会计只具有核算的职能，不具备监督职能

5. 会计主要的计量单位是(　)。

A. 货币　B. 劳动量　C. 实物　D. 价格

6. 下列符合会计信息质量基本要求的有(　)。

A. 企业提供的会计信息应当清晰明了，便于理解

B. 对于相似的交易或事项，不同企业相同会计期间应当采用一致的会计政策

C. 会计信息根据交易或事项的经济实质和法律形式进行确认、计量和报告

D. 企业可以通过设置秘密准备来规避估计到的各种风险和损失

7. 下列各项中，符合会计信息质量要求的是(　)。

A. 故意提供虚假会计信息

B. 提前进行会计确认、计量和报告

C. 为误导会计信息使用者使其作出错误决策而对财务报告中提供的信息进行省略

D. 对与会计信息使用者决策相关的有用信息，都要充分披露

8. 以下对“资产＝负债＋所有者权益”的描述中，不正确的是(　)。

A. 表明会计主体在特定时点的财务状况

B. 反映了资金运动静态要素之间的内在联系
C. 资产、负债及所有者权益是构成资产负债表的三个基本要素
D. 资产和负债是构成资产负债表的最基本要素
9. 下列说法正确的是(　)。
A. 账户的期末余额等于期初余额
B. 余额一般与减少额在同一方向
C. 账户的左方记增加额，右方记减少额
D. 期初余额 + 本期增加发生额 = 本期期末余额 + 本期减少发生额

二、多项选择题

1. 下列各项会计处理方法中，体现谨慎性要求的有(　)。
A. 采用双倍余额递减法计提固定资产折旧
B. 将融资租入固定资产视作自有固定资产核算
C. 无形资产期末按照其账面价值与可收回金额孰低计价
D. 固定资产期末采用成本计价
2. 会计随着人类社会生产的发展和经济管理的需要而产生、发展并不断得到完善，其中，会计的发展可划分为(　)阶段。
A. 古代会计　B. 近代会计　C. 现代会计　D. 未来会计
3. 下列关于会计的表述中，正确的有(　)。
A. 会计的职能是指会计在经济管理过程中所具有的功能
B. 会计采用一系列专门方法
C. 会计是一种经济管理活动
D. 会计是一个经济信息系统
4. 下列有关会计的说法中，正确的是(　)。
A. 本质是一种经济管理活动　B. 以货币为主要计量单位
C. 算账　D. 核算特定主体的经济活动
5. 下列不属于会计信息质量要求的有(　)。
A. 重要性　B. 谨慎性　C. 货币计量　D. 权责发生制
6. 下列各项中，符合可比性信息质量要求的有(　)。
A. 企业提供的会计信息应便于使用者理解和使用
B. 同一企业不同时期的会计信息相互可比
C. 不同企业相同会计期间会计信息应该相互可比
D. 企业采用的会计政策，以后期间不得变更
7. 谨慎性要求会计人员在选择会计处理方法时(　)。
A. 不高估资产和收益　B. 不低估负债和费用
C. 高估资产和收益　D. 低估资产和收益
8. 下列各项中，符合会计信息质量要求的有(　)。

A. 会计核算时不应高估资产或收益、低估负债或费用
B. 及时进行会计确认、计量和报告，不得提前或延后
C. 对与决策相关的重要信息，都应充分披露
D. 在不误导会计信息使用者作出正确判断的前提下对财务报告中提供的信息进行省略

9. 下列各项中，属于会计信息质量要求的有（ ）。
A. 货币计量 B. 实质重于形式 C. 重要性 D. 收付实现制

10. 一项资产增加的业务，不可能引起其他要素变化的有（ ）。
A. 另一项资产的减少 B. 一项收入的减少
C. 一项负债的减少 D. 一项负债的增加

三、判断题

1. 由于有了持续经营这个会计核算的基本假设，才产生了当期与其他期间的区别，从而出现了权责发生制与收付实现制的区别。（ ）

2. 企业故意对财务报告中提供的会计信息进行省略漏报，误导会计信息使用者做出错误决策，不违背可靠性和重要性的会计信息质量要求。（ ）

3. 现代会计可以分为财务会计和成本会计两大重要分支。（ ）

4. 我国财务报告的目标是向财务报告使用者提供决策有用的信息，并反映企业管理层受托责任的履行情况。（ ）

5. 企业投资人的经济交易或者事项是属于企业所有者主体所发生的，不应纳入企业会计核算的范围。（ ）

第二章 会计核算方法

一、单项选择题

1. 会计凭证按其(　)不同，分为原始凭证和记账凭证。

A. 填制人员和程序　B. 填制程序和方法　C. 填制格式和手续　D. 填制程序和用途

2. 下列各项中，不属于原始凭证基本内容的是(　)。

A. 填制原始凭证的日期　B. 经济业务内容

C. 会计人员记账标记　D. 原始凭证名称

3. 若发现原始凭证的金额有错误，下列做法中正确的是(　)。

A. 由出具单位在原始凭证上更正

B. 由出具单位在原始凭证上更正，并加盖出具单位印章

C. 由出具单位重开

D. 本单位代替出具单位进行更正

4. 购入原材料一批，取得对方开具的增值税专用发票，材料入库，开出转账支票一张支付货款。这笔经济业务涉及的记账凭证是(　)。

A. 收料单　B. 增值税专用发票　C. 支票存根　D. 付款凭证

5. 下列业务，应该填制现金收款凭证的是(　)。

A. 出售材料一批，款未收　B. 从银行提取现金

C. 出租设备，收到一张转账支票　D. 报废一台电脑，出售残料收到现金

6. 填制记账凭证时，错误的做法是(　)。

A. 根据每一张原始凭证填制

B. 根据若干张同类原始凭证汇总填制

C. 将若干张不同内容和类别的原始凭证汇总填制在一张记账凭证上

D. 根据原始凭证汇总表填制

7. 不附原始凭证的记账凭证是(　)。

A. 更正错误的记账凭证　B. 从银行提取现金的记账凭证

C. 以现金发放工资的记账凭证　D. 职工临时性借款的记账凭证

8. 资金从货币资金开始，经过供、产、销三个过程，依次从货币资金到固定资金、储备

资金、生产资金和产品资金，再到货币资金的过程称为(　)。

A. 资金的利用　B. 资金的投入　C. 资金的循环周转　D. 资金的退出

9. 资金退出是资金运动的终点。下列经济业务属于资金退出的是(　)。

A. 偿还各项债务　B. 对外销售产品　C. 购置固定资产　D. 出售固定资产

10. 账簿按(　)分为序时账、分类账和备查账。

A. 用途　B. 经济内容　C. 外表形式　D. 账页格式

11. 下列关于账簿的表述错误的是(　)。

A. 三栏式账簿是设有借方、贷方和余额三个基本栏目的账簿

B. 银行存款日记账、总分类账应使用订本账形式

C. 各种明细分类账一般采用活页账形式

D. 备查账簿是根据会计凭证登记的账簿

12. 下列选项中，符合登记会计账簿基本要求的有(　)。

A. 文字和数字的书写应占格距的1/3

B. 登记后在记账凭证上注明已经登账的符号

C. 一律不得用红色墨水登记账簿

D. 应使用圆珠笔登账

13. 下列做法错误的是(　)。

A. 现金日记账采用三栏式账簿

B. 库存商品明细账采用数量金额式账簿

C. 生产成本明细账采用三栏式账簿

D. 材料采购明细账采用平行式账簿

14. 下列结账方法错误的是(　)。

A. 总账账户平时只需结出月末余额

B. 12月末的"本年累计"就是全年累计发生额，全年累计发生额下通栏划双红线

C. 年终结账时，在"本年合计"栏下通栏划双红线

D. 现金、银行存款日记账每月结账时，在摘要栏注明"本月合计"字样，并在下面通栏划双红线

15. 年终结账，将余额结转下年时(　)。

A. 不需要编制记账凭证，但应将上年账户的余额反向结平才能结转下年

B. 应编制记账凭证，并将上年账户的余额反向结平

C. 不需要编制记账凭证，也不需要将上年账户的余额结平，直接注明"结转下年"即可

D. 应编制记账凭证，但不需要将上年账户的余额反向结平

16. "应付账款"账户期初贷方余额为1 000元，本期贷方发生额为5 000元，本期贷方余额为2 000元，该账户借方发生额为(　)元。

A. 4 000　B. 3 000　C. 2 000　D. 1 000

17. 通常一借多贷或一贷多借的会计分录对应(　)。

A. 一笔经济交易与事项　B. 一笔或多笔经济交易与事项

C. 两笔以上经济交易与事项　D. 多笔经济交易与事项

18. 下列错误事项能通过试算平衡发现的是(　)。

A. 借贷科目用错　　B. 某项经济业务重复记账
C. 应借应贷账户中借贷方向颠倒　　D. 应借应贷账户中金额不等

19. 下列错误不能通过试算平衡发现的是(　)。
A. 漏记某个会计科目　　B. 重记某个会计科目
C. 错用某个会计科目　　D. 借方余额小于贷方余额

20. 计提长期借款利息时，可能借记的科目是(　)。
A. 应付利息　　B. 在建工程　　C. 长期借款　　D. 其他应付款

21. 下列不属于会计科目设置原则的是(　)。
A. 合法性原则　　B. 相关性原则　　C. 实用性原则　　D. 真实性原则

22. 下列说法正确的是(　)。
A. 账户的期末余额等于期初余额
B. 余额一般与减少额在同一方向
C. 账户的左方记增加额，右方记减少额
D. 期初余额 + 本期增加发生额 = 本期期末余额 + 本期减少发生额

23. 关于账户与会计科目的联系和区别，下列表述中不正确的是(　)。
A. 没有会计科目，账户就缺少了设置的依据
B. 会计科目与账户两者口径一致，性质相同
C. 账户是会计科目的具体运用
D. 会计科目可以记录经济业务的增减变化及其结果

24. 复式记账法与单式记账法相比，不具有的优点是(　)。
A. 能够全面反映经济业务
B. 能够反映资金运动的来龙去脉
C. 能够进行试算平衡，便于查账和对账
D. 记账手续简单

25. 已知“长期股权投资”账户期初余额 130 000 元，本期借方发生额 120 000 元，期末余额 100 000 元，则该账户的贷方发生额为(　)元。
A. 250 000　　B. 150 000　　C. 900 000　　D. 130 000

26. 下列各项属于“资本公积” 账户期末余额的计算公式的是(　)。
A. 期末余额 = 期初余额 + 本期借方发生额 - 本期贷方发生额
B. 期末余额 = 期初余额 - 本期借方发生额 - 本期贷方发生额
C. 期末余额 = 期初余额 + 本期借方发生额 + 本期贷方发生额
D. 期末余额 = 期初余额 - 本期借方发生额 + 本期贷方发生额

27. 下列选项中，不属于会计分录构成要素的是(　)。
A. 摘要　　B. 借贷方向　　C. 账户名称　　D. 金额

28. 下列选项中，不属于企业资金筹集来源的是(　)。
A. 投资人投入的固定资产　　B. 投资人投资的增值
C. 结算形成的负债资金　　D. 采购商品支付的价款

二、多项选择题

1. 下列项目中，属于原始凭证的有(　)。

A. 入库单　B. 生产计划　C. 购销合同　D. 工资发放明细表

2. 下列各项中，属于外来原始凭证的有(　)。

A. 火车票　B. 销货发票　C. 购货发票　D. 工资结算单

3. 下列各项中，不属于一次性原始凭证的有(　)。

A. 收料单　B. 领料单　C. 耗用材料汇总表　D. 限额领料单

4. 填制原始凭证时，符合书写要求的有(　)。

A. 阿拉伯数字金额前面应当填写货币币种符号

B. 币种符号与阿拉伯数字金额之间不得留有空白

C. 大写金额有分的，分字后面要写“整”或“正”字

D. 汉字大写金额可以用简化字代替

5. 下列不属于原始凭证审核内容的有(　)。

A. 应借应贷方向是否正确　B. 凭证是否符合规定的审核程序

C. 凭证是否符合有关计划和预算　D. 会计科目使用是否正确

6. 收款凭证左上方的“借方科目”中可以填写的会计科目有(　)。

A. 库存现金　B. 主营业务收入　C. 原材料　D. 银行存款

7. 在填制记账凭证时，下列做法正确的有(　)。

A. 将不同类型业务的原始凭证合并编制一张记账凭证

B. 一个月内的记账凭证连续编号

C. 记账凭证日期必须填写

D. 从银行提取现金时只填制现金收款凭证

8. 会计核算的内容是指特定主体的资金运动，包括(　)等阶段。

A. 资金的投入　B. 资金的循环与周转

C. 资金的储存　D. 资金的退出

9. 下列选项中，关于账簿与账户关系的表述，正确的有(　)。

A. 账户存在于账簿之中，账簿中的每一账页就是账户的存在形式和载体

B. 没有账簿，账户就无法存在

C. 账簿序时、分类地记载经济业务，是在账户中完成的

D. 账簿只是一个外在形式，账户才是它的真实内容

10. 下列关于各种账簿形式的优缺点的表述中，正确的有(　)。

A. 订本账的优点是能避免账页散失和防止抽换账页

B. 订本账的缺点是不能准确为各账户预留账页

C. 活页账的优点是记账时可以根据实际需要，随时将空白账页装入账簿，或抽取不需要的账页，可根据需要增减账页，便于分工记账

D. 活页账的缺点是如果管理不善，可能会造成账页散失或故意抽换账页

11. 会计账簿的登记规则错误的有（　）。

A. 账簿记录中的日期，应该填写原始凭证上的日期

B. 多栏式账页中登记减少数可以使用红色墨水

C. 在登记各种账簿时，应按页次顺序连续登记，不得隔页、跳行

D. 对于没有余额的账户，应在“借或贷”栏内写“θ”表示

12. 库存现金日记账的登记方法错误的有（　）。

A. 出纳应在库存现金日记账每笔业务登记完毕，即结出余额，并与库存现金实存数进行核对

B. 出纳人员根据收、付款凭证进行现金收支，由会计人员登记三栏式库存现金日记账

C. 原始凭证属于现金日记账登账依据

D. 库存现金日记账和库存现金总账都需逐日结出余额

13. 库存现金日记账的登记依据有（　）。

A. 银行存款收款凭证　　B. 库存现金收款凭证

C. 库存现金付款凭证　　D. 银行存款付款凭证

14. 出纳人员可以登记和保管的账簿有（　）。

A. 库存现金日记账　　B. 银行存款日记账

C. 库存现金总账　　D. 银行存款总账

15. 账账核对不包括（　）。

A. 证证核对

B. 银行存款日记账余额与银行对账单余额核对

C. 总账账户借方发生额合计与其明细账借方发生额合计的核对

D. 各种应收、应付账款明细账账面余额与有关债权、债务单位的账目余额相核对

16. 下列各项中，属于会计核算方法的有（　）。

A. 成本计算　　B. 财产清查　　C. 复式记账　　D. 评价企业经营业绩

17. 下列会计基础的表述正确的有（　）。

A. 收付实现制是事业单位会计核算的主要依据

B. 收付实现制在企业会计核算中发挥了统驭作用

C. 在收付实现制下，凡属于当期的收入，即使在当期尚未收取，也作为当期收入计入利润表

D. 在权责发生制下，凡属于当期的费用，即使款项在当期尚未支付，也作为当期费用计入利润表

18. 下列关于复式记账法的观点正确的有（　）。

A. 记账手续简单

B. 能全面系统地反映各会计要素的增减变化、经济业务内容和资金运动的来龙去脉

C. 对于发生的每一项经济业务，都要在两个账户中登记

D. 能够进行试算平衡，便于查账和对账

19. “累计折旧”账户的结构是（　）。

A. 增加记借方　　B. 增加记贷方

C. 减少记借方　　D. 期末若有余额，在贷方

20. 在借贷记账法下，下列关于“生产成本”账户结构描述中错误的有（　）。

A. 贷方登记增加额　　B. 借方登记减少额

C. 期末余额一般在借方　　D. 可能没有期末余额

21. 下列账户内部关系中，正确的有（　）。

A. 资产类账户期末余额 = 期初余额 + 本期贷方发生额 − 本期借方发生额

B. 资产类账户借方发生额合计大于、等于、小于贷方发生额合计都有可能出现

C. 权益类账户期末余额 = 期初余额 + 本期借方发生额 − 本期贷方发生额

D. 权益类账户期末余额 = 期初余额 + 本期贷方发生额 − 本期借方发生额

22. 借方登记本期减少发生额的账户有（　）。

A. 资产类账户　　B. 负债类账户　　C. 收入类账户　　D. 费用类账户

23. 下列各项中，属于会计分录三个要素的有（　）。

A. 摘要　　B. 借贷方向　　C. 金额　　D. 会计科目

24. 以下各项关于试算平衡表述正确的有（　）。

A. 全部账户本期借方发生额合计 = 全部账户本期贷方发生额合计

B. 全部账户借方期初余额合计 = 全部账户贷方期末余额合计

C. 试算平衡包括发生额试算平衡和余额试算平衡

D. 发生额试算平衡法采用的依据是财务状况等式

25. 下列各项中，应记入“资本公积”账户贷方的有（　）。

A. 资本公积转增资本　　B. 应计入所有者权益的损失

C. 资本溢价　　D. 应计入所有者权益的利得

26. 企业实际收到的投资者投入的资本，有可能计入（　）。

A. 实收资本　　B. 负债　　C. 资本公积　　D. 收入

27. 下列表述中正确的有（　）。

A. 计提的短期借款利息通过“应付利息”账户核算，计提的长期借款利息通过“应付利息”或“长期借款”账户核算

B. 日常生产经营活动费用化的长期借款利息计入财务费用

C. 为购建固定资产而借入的长期借款的利息应全部计入固定资产的成本

D. 筹建期间不符合资本化条件的借款利息计入管理费用

28. 下列会计科目中，属于资产要素的有（　）。

A. 应收账款　　B. 预付账款　　C. 预收账款　　D. 应收票据

29. 下列属于二级科目的有（　）。

A. 应交税费——应交所得税

B. 应交税费——应交增值税

C. 应交税费——应交增值税（进项税额）

D. 应交税费——应交增值税（销项税额）

30. 下列关于总分类科目与明细分类科目关系的表述中，正确的有（　）。

A. 总分类科目与明细分类科目所反映的经济业务是相同的

B. 总分类科目与明细分类科目所反映的经济业务的详细程度是相同的

C. 明细分类科目对所属的总分类科目起着统驭控制作用

D. 明细分类科目对有关总分类科目起着补充说明作用

三、判断题

1. 资金的退出指的是资金离开本企业，退出资金的循环与周转，主要包括提取盈余公积、偿还各项债务、上交各项税费以及向所有者分配利润等。（ ）

2. 企业会计的对象就是企业的资金运动。（ ）

3. 没有余额的账户，应在“借或贷”栏内写“平”字，并在“余额”栏用“θ”表示。现金日记账和银行存款日记账必须逐日结出余额。（ ）

4. 每一账页登记完毕时，应当结出本页发生额合计及余额，在该账页最末一行“摘要”栏注明“转次页”或“过次页”，并将这一金额记入下一页第一行有关金额栏内，在该“摘要”栏内注明“承前页”，以保持账簿记录的连续性，便于对账和结账。（ ）

5. 库存现金、银行存款日记账和需要按月结计发生额的收入、费用等明细账，每月结账时，要在最后一笔经济业务记录下面通栏划单红线，结出本月发生额和余额，在摘要栏内注明“本月合计”字样，并在下面通栏划单红线。（ ）

6. 权责发生制要求，企业应当在收入已经实现或费用已经发生时就进行确认，而不必等到实际收到或支付现金时才确认。（ ）

7. 企业接受投资人投入和捐赠的实物和货币，均属于企业的实收资本(或股本)。（ ）

8. 资本公积只有在所有者投入企业的资金超过注册资本总额时才可能发生。（ ）

9. “材料采购”账户贷方登记入库材料的计划成本以及材料入库时结转的节约差异（ ）。

10. 我国《企业会计准则》将会计要素划分为资产、负债、所有者权益、成本和利润五大类。（ ）

11. 资产按流动性分为流动资产和固定资产两大类。（ ）

12. 所有者权益是投资人对企业全部资产的所有权。（ ）

13. 企业向所有者分配利润所导致的经济利益的流出应确认为费用。（ ）

14. 负债按照其因承担现时义务而实际收到的款项或者资产的金额，或者承担现时义务的合同金额，或者按照日常活动中为偿还负债预期需要支付的现金或者现金等价物的金额计量的属性称为公允价值计量。（ ）

15. “累计折旧”账户是“固定资产”账户的抵减账户。（ ）

16. 在借贷记账法下，“借”、“贷”不仅作为记账符号表明记账方向，还用借表示借入，贷表示贷出。（ ）

17. 企业不能编制多借多贷的会计分录，因为不便于进行试算平衡，检查账户记录是否正确。（ ）

18. 发生额试算平衡法采用的依据是“资产 = 负债 + 所有者权益”等式。（ ）

19. 发生额及余额试算平衡中本期借方发生额合计等于本期贷方发生额合计，说明账户发生额记录肯定没有错误。（ ）

20. 年末结账后，“利润分配”账户的各个明细账户均无余额。（ ）

四、业务处理题

1. A 公司 2015 年 6 月 1 日，“银行存款”账户与“应付账款”账户的期初余额如下：

账户名称	期初借方余额	账户名称	期初贷方余额
银行存款	68 000	应付账款	29 000

A 公司 6 月份发生如下的经济业务：

(1)将库存现金 30 000 元存入银行。

(2)用银行存款偿还应付账款 23 000 元。

(3)用银行存款支付 40 000 元购买办公用品，尚欠货款 1 000 元。

(4)销售商品取得货款存入银行 5 000 元。

(5)用银行存款支付工资 10 000 元。

要求计算：

(1)“银行存款”账户本月借方发生额合计。

(2)“银行存款”账户本月贷方发生额合计。

(3)“银行存款”账户本月月末余额。

(4)“应付账款”账户本月借方发生额合计。

(5)“应付账款”账户本月月末余额。

2. 某企业 2014 年 12 月购入不需要安装的生产设备一台，价款 10 000 元，支付的增值税为 1 700 元(符合增值税抵扣条件)，运费增值税专用发票上注明运费 500 元，增值税税额 55 元，包装费 300 元。款项以银行存款支付。试编制购入该项固定资产的会计分录。

3. 甲公司为增值税一般纳税人，销售的产品、材料均为应纳增值税货物，增值税税率为 17%，销售价款中均不含增值税。材料和产成品均按实际成本核算，以销售产品为主营业务。2015 年度发生如下经济业务：

(1)公司采用汇兑结算方式购入原材料，增值税专用发票上注明的实际成本为 30 万元，增值税税额为 5.1 万元。材料已验收入库。

(2)销售给乙公司一批产品，销售价款为 4 万元，产品成本为 3.2 万元。产品已经发出，开出增值税专用发票，款项尚未收到。

(3)对外销售一批材料，销售价款为 2.6 万元，材料实际成本为 1.8 万元。材料已经发出，并已经开出增值税专用发票。款项已经收到，收到转账支票并存入银行。

(4)乙公司本年实现净利润 90 万元，甲公司按投资比例确认其投资收益。(甲公司对乙公司的投资占乙公司表决权股本的 25%。甲公司对乙公司的投资采取权益法核算。)

要求：

(1)编制甲公司采购材料的会计分录；

(2)编制甲公司销售产品的会计分录；

(3)编制甲公司结转销售产品成本的会计分录；

(4)编制甲公司销售材料的会计分录；

(5)编制甲公司结转销售材料成本的会计分录；

(6)编制甲公司确认投资收益的会计分录。

4. A 公司会计人员登记账簿时，发现如下问题：

(1)开出转账支票购买办公用电脑 1 台，总价款为 3 000 元(增值税略)，记账凭证的分录为：

借：管理费用　　30 000

　　贷：银行存款　　30 000

(2)以现金报销车间办公用品费，原始凭证上显示金额为 900 元，记账凭证的分录为：

借：制造费用　　90

　　贷：库存现金　　90

要求：

(1)编制第(1)笔记录时正确的会计分录；

(2)编制第(2)笔记录时正确的会计分录；

(3)更正第(1)笔记录时需要做的会计分录；

(4)更正第(2)笔记录时需要做的会计分录。

第二篇　资金来源

第三章　所有者权益核算

一、单项选择题

1. 下列各项中，不属于所有者权益的是(　)。

A. 资本溢价　　B. 计提的盈余公积
C. 投资者投入的资本　　D. 应付高管人员基本薪酬

2. 下列各项中，导致企业所有者权益总额发生增减变动的业务事项是(　)。

A. 当年实现净利润　　B. 盈余公积转实收资本
C. 资本公积转实收资本　　D. 盈余公积补亏

3. 某上市公司发行普通股1 000万股，每股面值1元，每股发行价格5元，支付手续费20万元，支付咨询费60万元。该公司发行普通股计入股本的金额为(　)万元。

A. 1 000　　B. 4 920　　C. 4 980　　D. 5 000

4. 甲、乙公司均为增值税一般纳税人，适用的增值税税率为17%。甲公司接受乙公司投资转入的原材料一批，账面价值100 000元，投资协议约定的价值为120 000元，假定投资协议约定的价值与公允价值相符，该项投资没有产生资本溢价。甲公司实收资本应增加(　)元。

A. 100 000　　B. 117 000　　C. 120 000　　D. 140 400

5. 某股份有限公司按法定程序报经批准后采用收购本公司股票方式减资，购回股票支付价款低于股票面值总额的，所注销库存股账面余额与冲减股本的差额应计入(　)。

A. 盈余公积　　B. 营业外收入　　C. 资本公积　　D. 未分配利润

6. 某企业首次公开发行普通股600万股，每股面值为1元，每股发行价格为6元，支付佣金72万元、手续费18万元。该业务使企业资本公积增加(　)万元。

A. 2 928　　B. 2 982　　C. 3 000　　D. 2 910

7. A有限责任公司由两位投资者投资200万元设立，每人出资100万元。一年后，为扩大经营规模，经批准，A有限责任公司注册资本增加到300万元，并引入第三位投资者。按照投资协议，新投资者需缴入现金120万元，同时享有该公司三分之一的股份。A有限责任公司已收到该现金投资。假定不考虑其他因素，A有限责任公司接受第三位投资者时应确认的资本公积为(　)万元。

A. 110　　B. 100　　C. 20　　D. 200

8. 某股份制公司委托证券公司代理发行普通股2 000股，每股面值1元，发行价格每股4元。证券公司按发行收入的2%收取手续费。该公司这项业务应计入资本公积的金额为(　)元。

A. 5 840　　B. 5 880　　C. 5 960　　D. 6 000

9. 下列各项中，应列入资产负债表“资本公积”的是(　)。

A. 注销回购价格低于面值的库存股，其账面余额与所冲减股本的差额

B. 可供出售金融资产发生的公允价值变动损益

C. 采用权益法核算的长期股权投资按持股比例享有被投资单位实现净利润的份额

D. 将存货转为以公允价值模式计量的投资性房地产，其公允价值高于账面余额的差额

10. 2014年年初某企业“利润分配——未分配利润”科目借方余额20万元，2014年度该企业实现净利润为160万元，根据净利润的10%提取盈余公积，2014年年末该企业可供分配利润的金额为(　)万元。

A. 126　　B. 124　　C. 140　　D. 160

11. 下列各项中，会引起企业留存收益总额发生变动的是(　)。

A. 股本溢价　　B. 提取任意盈余公积

C. 接受现金资产投资　　D. 盈余公积转增资本

12. 某企业盈余公积年初余额为50万元，本年利润总额为600万元，所得税费用为150万元，按净利润的10%提取法定盈余公积，并将盈余公积10万元转增资本。该企业盈余公积年末余额为(　)万元。

A. 40　　B. 85　　C. 95　　D. 110

13. 下列各项中，引起企业留存收益总额发生变化的是(　)。

A. 提取法定盈余公积　　B. 宣告分配现金股利

C. 提取任意盈余公积　　D. 用盈余公积弥补亏损

14. 某公司2009年初所有者权益总额为1 360万元，当年实现净利润450万元，提取盈余公积45万元，向投资者分配现金股利200万元，本年内以资本公积转增资本50万元，投资者追加现金投资30万元。该公司年末所有者权益总额为(　)万元。

A. 1 565　　B. 1 595　　C. 1 640　　D. 1 795

15. 股份有限公司采用收购本公司股票方式减资的，按注销股票的面值总额减少股本，购回股票支付的价款超过面值的部分，应依次冲减的会计科目是(　)。

A. 盈余公积、资本公积、利润分配——未分配利润

B. 利润分配——未分配利润、资本公积、盈余公积

C. 利润分配——未分配利润、盈余公积、资本公积

D. 资本公积、盈余公积、利润分配——未分配利润

二、多项选择题

1. 下列各项中，会导致企业实收资本增加的有(　　)。

A. 盈余公积转增资本　　B. 接受非流动资产捐赠

C. 资本公积转增资本　　D. 接受投资者追加投资

2. 下列各项中，会引起企业实收资本金额发生增减变动的有(　　)。

A. 盈余公积转增资本　　B. 处置长期股权投资

C. 资本公积转增资本　　D. 对外进行债券投资

3. 下列各项中，不会使资本公积发生增减变动的有(　　)。

A. 企业实现净利润　　B. 可供出售金融资产公允价值变动

C. 资本公积转增资本　　D. 投资者超过注册资本额的投入资本

4. 下列各项中，关于留存收益的表述正确的有(　　)。

A. 法定盈余公积经批准可用于转增资本

B. “未分配利润”明细科目年末借方余额表示累积的亏损额

C. 留存收益包括盈余公积和未分配利润

D. 任意盈余公积可用于发放现金股利

5. 下列各项中，属于企业留存收益的有(　　)。

A. 发行股票的溢价收入

B. 按规定从净利润中提取的法定盈余公积

C. 累计未分配利润

D. 按股东大会决议从净利润中提取的任意盈余公积

6. 下列各项中，引起留存收益总额发生增减变动的有(　　)。

A. 盈余公积补亏　　B. 税后净利润弥补亏损

C. 用盈余公积发放现金股利　　D. 盈余公积转增资本

7. 下列各项中不会使盈余公积减少的有(　　)。

A. 计提盈余公积　　B. 资本公积转增资本

C. 盈余公积转增资本　　D. 盈余公积补亏

8. 下列各项中，会引起负债和所有者权益同时发生变动的有(　　)。

A. 以盈余公积补亏　　B. 以现金回购本公司股票

C. 宣告发放现金股利　　D. 转销确实无法支付的应付账款

9. 下列各项中，应计入资本公积的有(　　)。

A. 交易性金融资产的公允价值变动

B. 投资者投入的资本超过其所占注册资本份额的差额

C. 股票发行的溢价

D. 可供出售金融资产的公允价值变动

10. 下列各项中，年度终了需要转入“利润分配——未分配利润”科目的有(　　)。

A. 本年利润　　B. 利润分配——应付现金股利

C. 利润分配——盈余公积补亏　　D. 利润分配——提取法定盈余公积

三、判断题

1. 股份有限公司溢价发行股票时，按面值计入股本，溢价收入扣除发行手续费、佣金等发行费用后的金额计入资本公积。（　）

2. 公司按面值发行股票时，发生的相关交易费用冲减“资本公积——其他资本公积”科目。（　）

3. 期初未分配利润有贷方余额，期末获利的情况下，计提盈余公积时，要包含期初的贷方余额。（　）

4. 企业提取的盈余公积可用于发放现金股利。（　）

5. 所有者权益内部结转项目，反映企业构成所有者权益组成部分之间的增减变动情况。（　）

6. 企业用盈余公积弥补亏损时，应借记“盈余公积”科目，贷记“利润分配——盈余公积补亏”科目。（　）

7. 资本公积是企业从历年实现的利润中提取或形成的留存于企业的，来源于企业生产经营活动的利润。（　）

8. 股份有限公司发行股票时，按照实际收到的款项，借记“银行存款”科目，贷记“股本”科目。（　）

9. 一般企业增加资本主要的途径包括接受投资者追加投资、资本公积转增资本，但是不包括盈余公积转增资本。（　）

10. 企业股东大会或类似机构通过的利润分配方案中确定分配的现金股利或利润，应确认为应付股利。（　）

四、业务处理题

1. 甲公司为上市公司，适用的所得税税率为25%。2013年度甲公司有关资料如下：

(1)1月1日，所有者权益总额为11 100万元，其中股本为8 000万元(每股面值1元)，资本公积(股本溢价)为2 000万元，盈余公积为800万元，未分配利润为300万元。

(2)6月18日，经股东大会批准，甲公司按每股2元的价格回购本公司股票1 000万元并注销。

(3)截至12月31日，甲公司实现营业收入8 100万元，发生营业成本4 500万元，营业税及附加500万元，销售费用400万元，管理费用400万元，财务费用350万元，资产减值损失250万元，营业外收入150万元，营业外支出50万元。

(4)经股东大会批准，甲公司本年度按净利润的10%提取法定盈余公积，按每股0.5元发放现金股利350万元。

要求：根据上述资料，假定不考虑其他因素，分析回答下列小题。

(1)根据资料(1)和资料(2)编写会计分录。

(2)根据资料(3)，计算 2013 年度甲公司实现的营业利润。

(3)根据资料(4)编写会计分录。

(4)根据资料(1) ~(4)，计算甲公司分配现金股利后的未分配利润及甲公司 12 月 31 日的所有者权益总额。

2. 甲公司原由投资者 A 和投资者 B 共同出资成立，每人出资 200 000 元，各占 50% 的股份。经营两年后，投资者 A 和投资者 B 决定增加公司资本，此时有一新的投资者 C 要求加入该公司。经有关部门批准后，甲公司实施增资，将实收资本增加到 900 000 元。经三方协商，一致同意，完成下述投入后，三方投资者均拥有该公司 300 000 元实收资本，各占甲公司 1/3 的股份。各投资者的出资情况如下：

(1)投资者 C 以银行存款投入甲公司 390 000 元。

(2)投资者 A 将一批原材料投入公司作为增资。该批材料账面价值 95 000 元，合同约定价值 105 000 元，税务部门认定应交增值税税额为 17 850 元。投资者 A 已开具了增值税专用发票。

(3)投资者 B 将一项专利权投入公司作为增资，投资合同中约定该专利权价值为 125 000 元。

要求：假定以上合同约定的价值都是公允的。根据上述资料，不考虑其他因素，分析回答下列问题。

(1)根据上述资料，编写会计分录。

(2)甲公司接受投资者 C 投资时，编写会计分录。

第四章 负债核算

一、单项选择题

1. 预收货款业务不多的企业，可以不设置“预收账款”科目，其所发生的预收货款，可以通过(　)核算。

A. “应收账款”科目借方　　B. “应付账款”科目借方

C. “应收账款”科目贷方　　D. “应付账款”科目贷方

2. 某企业为增值税一般纳税人，于 2011 年 9 月 2 日从甲公司购入一批产品并已验收入库。增值税专用发票上注明该批产品的价款为 150 万元，增值税税额为 25.5 万元，合同中规定的现金折扣条件为 2/10，1/20，n/30，假定计算现金折扣时不考虑增值税。该企业在 2011 年 9 月 11 日付清货款，企业购买产品时该应付账款的入账价值为(　)万元。

A. 147　　B. 150　　C. 172.5　　D. 175.5

3. 企业发生赊购商品业务，下列各项中不影响应付账款入账金额的是(　)。

A. 商品价款　　B. 增值税进项税额

C. 现金折扣　　D. 销货方代垫运杂费

4. 甲企业为增值税小规模纳税人，适用的增值税征收率为 3%，原材料按实际成本核算。该企业发生经济业务如下：购入原材料一批，取得专用发票中注明货款是 30 000 元，增值税 5 100 元，款项以银行存款支付，材料已验收入库。下列处理正确的是(　)。

A. 借：原材料　　35 100
　　贷：银行存款　　35 100

B. 借：原材料　　30 000
　　应交税费——应交增值税　　5 100
　　贷：银行存款　　35 100

C. 借：原材料　　30 000
　　应交税费——应交增值税(进项税额)　　5 100
　　贷：银行存款　　35 100

D. 借：原材料　　30 000
　　应交税费——应交增值税　　900

贷：银行存款　　30 900

5. 甲企业结算本月管理部门的应付职工工资共 500 000 元，代扣该部门职工个人所得税 30 000 元，实发工资 470 000 元。下列该企业会计处理中，不正确的是(　)。

A. 借：管理费用　　500 000
　　贷：应付职工薪酬　　500 000

B. 借：应付职工薪酬　　30 000
　　贷：应交税费——应交个人所得税　　30 000

C. 借：其他应收款　　30 000
　　贷：应交税费——应交个人所得税　　30 000

D. 借：应付职工薪酬　　470 000
　　贷：银行存款　　470 000

6. 企业计提短期借款利息时贷方应计入的会计科目是(　)。

A. 财务费用　　B. 短期借款　　C. 应收利息　　D. 应付利息

7. 2013 年 1 月 1 日，甲公司采用分期付款方式购入大型设备一套，当日投入使用。合同约定的价款为 2 700 万元，分 3 年等额支付；该分期支付购买价款的现值为 2 430 万元。假定不考虑其他因素，甲公司该设备的入账价值为(　)万元。

A. 810　　B. 2 430　　C. 900　　D. 2 700

8. 下列各项中，不应通过“其他应付款”科目核算的是(　)。

A. 应付的客户存入保证金

B. 应付的因解除劳动合同而给予员工的经济补偿

C. 应付的经营租入固定资产租金

D. 应付租入包装物租金

9. 2014 年 9 月 1 日，某企业向银行借入一笔期限 2 个月、到期一次还本付息的生产经营周转借款 200 000 元，年利率 6%。借款利息不采用预提方式，于实际支付时确认。11 月 1 日，企业以银行存款偿还借款本息的会计处理正确的是(　)。

A. 借：短期借款　　200 000
　　应付利息　　2 000
　　贷：银行存款　　202 000

B. 借：短期借款　　200 000
　　应付利息　　1 000
　　财务费用　　1 000
　　贷：银行存款　　202 000

C. 借：短期借款　　200 000
　　财务费用　　2 000
　　贷：银行存款　　202 000

D. 借：短期借款　　202 000
　　贷：银行存款　　202 000

10. 企业每期期末计提的长期借款利息(一次还本付息)，对其中应当予以资本化的部分，下列会计处理正确的是(　)。

A. 借记“财务费用”科目，贷记“长期借款”科目

B. 借记“财务费用”科目，贷记“应付利息”科目

C. 借记“在建工程”科目，贷记“长期借款”科目

D. 借记“在建工程”科目，贷记“应付利息”科目

11. 2017 年乙公司发出一批原材料，其成本为 100 万元，购入时支付的增值税为 17 万元。其中，作为职工个人福利领用该材料 10 万元，生产设备的安装工程领用该材料 60 万元，厂房的建造工程领用该材料 30 万元。该企业的有关会计分录不正确的是(　)。

A. 借记“应付职工薪酬——职工福利”科目 11.7 万元

B. 借记“在建工程——安装”科目 60 万元

C. 借记“在建工程——厂房”科目 30 万元

D. 贷记“应交税费——应交增值税(进项税额转出)”科目 6.8 万元

12. 2012 年 7 月 1 日，某公司按面值发行 5 年期到期一次还本付息的公司债券。该债券的面值为 10 万元，票面利率为 4%(不计复利)。假定不考虑相关税费，2013 年 12 月 31 日该应付债券的账面价值为(　)万元。

A. 10.4　　B. 10.6　　C. 10.2　　D. 10

13. 甲公司为增值税一般纳税人，适用的增值税税率为 17%。年末将 20 台本企业自产的冰箱作为福利发给本企业职工，该冰箱的成本为每台 1000 元，市场售价为 2000 元/台(不含增值税)。下列说法正确的是(　)。

A. 实际发放时，计入“应付职工薪酬”的金额为 40 000 元

B. 实际发放时，计入“应交税费——应交增值税(销项税额)”的金额为 3 400 元

C. 将自产产品作为福利发放给员工不视同销售，但需要确认收入、结转成本

D. 将自产产品作为福利发放给员工视同销售，并且要确认收入、结转成本

二、多项选择题

1. 下列各项中，关于应付债券的会计处理表述正确的有(　)。

A. 按照实际收到的金额，贷记“应付债券——面值”科目

B. 按照面值和票面利率计算的应支付的利息，贷记“应付利息”科目或“应付债券——应计利息”科目

C. 发行债券时，实际收到的金额和债券票面金额的差额计入财务费用

D. 企业应负担的债券利息费用计入有关成本费用

2. 2 月 1 日某企业购入原材料一批，开出一张面值为 117 000 元，期限为 3 个月的不带息的商业承兑汇票。5 月 1 日该企业无力支付票款时，下列会计处理不正确的有(　)。

A. 借：应付票据　　117 000

　　贷：短期借款　　117 000

B. 借：应付票据　　117 000

　　贷：其他应付款　　117 000

C. 借：应付票据　　117 000

贷：应付账款　　　　117 000

D. 借：应付票据　　　　117 000

贷：预付账款　　　　117 000

3. 企业缴纳的下列税费，不通过“应交税费”科目核算的有(　)。

A. 印花税　　B. 耕地占用税　　C. 土地使用税　　D. 土地增值税

4. 下列税金中，应计入存货成本的有(　)。

A. 由受托方代收代缴的委托加工直接用于对外销售的商品负担的消费税

B. 由受托方代收代缴的委托加工继续用于生产应纳消费税的商品负担的消费税

C. 进口原材料交纳的进口关税

D. 小规模纳税人购买原材料交纳的增值税

5. 下列各项中，生产部门人员的职工薪酬可能涉及的科目有(　)。

A. 生产成本　　B. 制造费用　　C. 管理费用　　D. 劳务成本

6. 下列应计入长期应付款的是(　)。

A. 具有融资性质的以分期付款方式购入固定资产的应付款项

B. 因债权人单位撤销而长期无法支付的应付款项

C. 应付融资租入固定资产的租赁费

D. 应付租入包装物的租金

7. 下列关于负债的说法中，正确的有(　)。

A. 负债是指过去的交易或事项形成的

B. 负债是指将来的交易或事项形成的

C. 会导致经济利益流出企业的过去义务

D. 预期会导致经济利益流出企业的现时义务

8. 下列对长期借款利息费用的会计处理，正确的有(　)。

A. 筹建期间不符合资本化条件的借款利息计入管理费用

B. 筹建期间的借款利息计入长期待摊费用

C. 生产经营期间发生的不符合资本化条件的借款利息计入财务费用

D. 符合资本化条件的借款利息计入相关资产成本

三、判断题

1. 企业代扣代缴的个人所得税及应交纳的印花税，应通过“应交税费”科目进行核算。(　)

2. 到期还本付息的短期借款，如果利息金额不大，可以不预提，而在实际支付时直接计入当期损益。(　)

3. 企业购入不需要安装的生产设备，购买价款超过正常信用条件延期支付，实质上具有融资性质的，应当以购买价款的现值为基础确定其成本。(　)

4. 对于一般纳税人，企业实际缴纳当月的增值税，应通过“应交税费——应交增值税(已交税金)”科目核算。(　)

5. 采取从量定额计征的消费税，以不含增值税的销售额为税基，按照税法规定的税率计算。 ( )

6. 企业支付给职工的非货币性福利，也属于企业提供的职工薪酬。 ( )

7. 企业转销无法支付的应付账款，借记“应付账款”科目，贷记“资本公积”科目。 ( )

8. 企业出口产品按规定退税的，按应收的出口退税，借记“其他应收款”科目，贷记“应交税费——应交增值税(出口退税)”科目。 ( )

9. “应交税费”科目，贷方登记应交纳的各种税费等，借方登记实际交纳的税费，期末余额一般在贷方，反映企业尚未交纳的税费。 ( )

10. 应付股利是指企业根据股东大会或类似机构审议尚未批准的利润分配方案确定分配给投资者的现金股利或利润。 ( )

四、业务处理题

1. 甲股份有限公司于 2×14 年 1 月 1 日向银行借入一笔生产经营用短期借款，共计 120 000 元，期限为 9 个月，年利率为 4%。根据与银行签署的借款协议，该项借款的本金到期后一次归还，利息按季支付。试编制会计分录。

2. 甲企业为增值税一般纳税人，原材料按计划成本核算。2×14 年 2 月 6 日购入原材料一批，增值税专用发票上注明价款为 60 000 元，增值税额为 10 200 元，原材料已验收入库。该企业开出经开户银行承兑的商业汇票一张，面值为 70 200 元、期限 5 个月。交纳银行承兑手续费 35.10 元。7 月 6 日商业汇票到期，甲企业通知其开户银行以银行存款支付票款。试编制会计分录。

3. 甲公司为家电生产企业，共有职工 200 名，其中 170 名为直接参加生产的职工，30 名为总部管理人员。2×14 年 12 月，甲公司以其生产的每台成本为 900 元的电暖器作为春节福利发放给公司每名职工。该型号的电暖器市场售价为每台 1 000 元，甲公司适用的增值税税率为 17%。试编制会计分录。

4. 某企业为增值税小规模纳税人，适用增值税税率为 3%，原材料按实际成本核算。该企业发生经济交易如下：购入原材料一批，取得的增值税专用发票中注明货款 30 000 元，增值税 5 100 元，款项以银行存款支付，材料已验收入库。销售产品一批，开具的普通发票中注明的货款(含税)为 51 500 元，款项已存入银行。用银行存款交纳增值税 1 500 元。试编制会计分录。

5. 大海公司为家电生产企业，共有职工 310 人，其中生产工人 200 人，车间管理人员 15 人，行政管理人员 20 人，销售人员 15 人，在建工程人员 60 人。大海公司适用的增值税税率为 17%。2011 年 12 月份发生如下经济业务：

(1)本月应付职工工资总额为 380 万元，工资费用分配汇总表中列示的产品生产工人工资为 200 万元，车间管理人员工资为 30 万元，企业行政管理人员工资为 50 万元，销售人员工资为 40 万元，在建工程人员工资为 60 万元。

(2)以自己生产的某种电暖器发放给公司每名职工，每台电暖器的成本为 800 元，市场售价为每台 1 000 元。

(3)为总部部门经理以上职工提供汽车免费使用，为副总裁以上高级管理人员每人租赁一套住房。大海公司现有总部部门经理以上职工共10人，假定所提供汽车每月一共计提折旧4万元；现有副总裁以上职工3人，所提供住房每套每月的租金为2万元。

(4)用银行存款支付副总裁以上职工住房租金。

(5)结算本月应付职工工资总额380万元，代扣职工房租10万元，企业代垫职工家属医药费2万元，代扣个人所得税20万元，余款用银行存款支付。

(6)上交个人所得税20万元。

(7)下设的职工食堂维修领用原材料5万元，其购入时支付的增值税为0.85万元。

要求：编制上述业务的会计分录(金额单位用万元表示)。

第三篇　资金占用

第五章　流动资产核算

一、单项选择题

1. 现金盘点时发现现金短缺，无法查明原因的，经批准后计入(　)。

A. 营业外支出　　B. 财务费用　　C. 管理费用　　D. 其他业务成本

2. 企业无法查明原因的现金溢余，应做的处理是(　)。

A. 冲减管理费用　　B. 增加营业外收入

C. 冲减财务费用　　D. 增加其他业务收入

3. 下列各项中不会引起其他货币资金发生变动的是(　)。

A. 企业销售商品收到商业汇票

B. 企业用银行本票购买办公用品

C. 企业将款项汇往外地开立采购专业账户

D. 企业为购买基金将资金存入证券公司指定银行开立账户

4. 下列各项中，关于银行存款业务的表述中正确的是(　)。

A. 企业单位信用卡存款账户可以存取现金

B. 企业信用证保证金存款余额不可以转存其开户行结算户存款

C. 企业银行汇票存款的收款人不得将其收到的银行汇票背书转让

D. 企业外埠存款除采购人员可从中提取少量现金外，一律采用转账结算

5. 某企业采用托收承付结算方式销售一批商品，增值税专用发票注明的价款为 1 000 万元，增值税税额为 170 万元，销售商品为客户代垫运输费 5 万元，全部款项已办妥托收手续。该企业应确认的应收账款为(　)万元。

A. 1 000　　B. 1 005　　C. 1 170　　D. 1 175

6. 某企业在 2010 年 10 月 8 日销售商品 100 件，增值税专用发票上注明的价款为 10 000 元，增值税额为 1 700 元。企业为了及早收回货款而在合同中规定的现金折扣条件为：2/10，1/20，n/30。假定计算现金折扣时不考虑增值税。如买方 2010 年 10 月 14 日付清货款，该企业实际收款金额应为(　)元。

A. 11 466　　B. 11 500　　C. 11 583　　D. 11 600

7. 2015 年 12 月 31 日，某企业应收账款账面余额为 1 200 万元，预计未来现金流量现值

为600万元；计提坏账准备前，企业“坏账准备”科目贷方余额为350万元，不考虑其他因素，当日该企业应计提的坏账准备为( )万元。

A. 250　　B. 600　　C. 350　　D. 1 200

8. 2014年11月30日，某企业“坏账准备——应收账款”科目贷方余额为30万元，12月31日，相关应收账款所属明细科目借方余额为500万元，经减值测试，该应收账款预计未来现金流量现值为410万元。不考虑其他因素，该企业2014年12月31日应确认的资产减值损失为( )万元。

A. 120　　B. 30　　C. 60　　D. 90

9. 2012年12月份初，某企业“坏账准备”科目贷方余额为6万元，12月31日，“应收账款”科目借方余额100万元，经减值测试，应收账款预计未来现金流量现值为95万元，则2012年末应计提的坏账准备金额为( )万元。

A. -1　　B. 1　　C. 5　　D. 11

10. 甲公司从证券市场购入股票20 000股，每股10元，其中包含已宣告但尚未领取的现金股利0.6元，另支付交易费用1 000元。企业将其划分为交易性金融资产，则其初始入账价值是( )元。

A. 201 000　　B. 200 000　　C. 188 000　　D. 189 000

11. 某企业2014年7月1日购入股票100万股，每股21元，其中包含已宣告尚未发放的股利每股0.4元，另外支付交易费用20万元，企业将其划分为交易性金融资产，2014年12月31日股票的公允价值为2 200万元，不考虑其他因素，则2014年末该交易性金融资产的账面价值为( )元。

A. 2 200　　B. 2 100　　C. 2 060　　D. 2 120

12. 下列各项中，关于交易性金融资产表述不正确的是( )。

A. 取得交易性金融资产所发生的相关交易费用应当在发生时计入投资收益

B. 资产负债表日交易性金融资产公允价值与账面余额的差额计入当期损益

C. 收到交易性金融资产购买价款中已到付息期尚未领取的债券利息计入当期损益

D. 出售交易性金融资产时应将其公允价值与账面余额之间的差额确认为投资收益

13. 甲公司2008年7月1日购入乙公司2008年1月1日发行的债券，支付价款2 100万元(含已到付息期但尚未领取的债券利息40万元)，另支付交易费用15万元。该债券面值为2 000万元。票面年利率为4%(票面利率等于实际利率)，每半年付息一次。甲公司将其划分为交易性金融资产。甲公司2008年度该项交易性金融资产应确认的投资收益为( )万元。

A. 25　　B. 40　　C. 65　　D. 80

14. 某增值税一般纳税人购入农产品，收购发票上注明买价100 000元，规定的增值税进项税额扣除率为13%，另支付入库前挑选整理费500元，其入账价值是( )元。

A. 87 500　　B. 113 000　　C. 113 500　　D. 100 500

15. 某小规模纳税人购买原材料，发票上价格为100万元，增值税额17万元，另支付保险费1万元，则原材料的入账成本为( )万元。

A. 117　　B. 118　　C. 101　　D. 100

16. 下列税金中，不应计入存货成本的是( )。

A. 一般纳税企业进口原材料支付的关税

B. 一般纳税企业购进原材料支付的增值税

C. 小规模纳税企业购进原材料支付的增值税

D. 一般纳税企业进口应税消费品支付的消费税

17. 某企业为增值税小规模纳税人，本月购入甲材料 2 060 千克，每千克单价(含增值税) 50 元，另外支付运杂费 3 500 元，运输途中发生合理损耗 60 千克，入库前发生挑选整理费用 620 元。该批材料入库的实际单位成本为每千克(　)元。

A. 50　　B. 51.81　　C. 52　　D. 53.56

18. 某企业采用先进先出法计算发出原材料的成本。2009 年 9 月 1 日，甲材料结存 200 千克，每千克实际成本为 300 元；9 月 7 日购入甲材料 350 千克，每千克实际成本为 310 元；9 月 21 日购入甲材料 400 千克，每千克实际成本为 290 元；9 月 28 日发出甲材料 500 千克。9 月份甲材料发出成本为(　)元。

A. 145 000　　B. 150 000　　C. 153 000　　D. 155 000

19. 某企业采用先进先出法计算发出甲材料的成本，2014 年 2 月 1 日，结存甲材料 200 公斤，每公斤实际成本 100 元；2 月 10 日购入甲材料 300 公斤，每公斤实际成本 110 元；2 月 15 日发出甲材料 400 公斤。2 月末，库存甲材料的实际成本为(　)元。

A. 10 000　　B. 10 500　　C. 10 600　　D. 11 000

20. 某企业采用月末一次加权平均法计算发出材料成本。2010 年 3 月 1 日结存甲材料 200 件，单位成本 40 元；3 月 15 日购入甲材料 400 件，单位成本 35 元；3 月 20 日购入甲材料 400 件，单位成本 38 元；当月共发出甲材料 500 件。3 月份发出甲材料的成本为(　)元。

A. 18 500　　B. 18 600　　C. 19 000　　D. 20 000

21. 某企业原材料采用实际成本核算。2011 年 6 月 29 日该企业对存货进行全面清查。发现短缺原材料一批，账面成本 12 000 元。已计提存货跌价准备 2 000 元，经确认，应由保险公司赔款 4 000 元，由过失人员赔款 3 000 元。假定不考虑其他因素，该项存货清查业务应确认的净损失为(　)元。

A. 3 000　　B. 5 000　　C. 6 000　　D. 8 000

22. 某增值税一般纳税企业因暴雨毁损库存原材料一批，其成本为 200 万元，经确认应转出的增值税税额为 34 万元；收回残料价值 8 万元，收到保险公司赔偿款 112 万元。假定不考虑其他因素，经批准企业确认该材料毁损净损失的会计分录是(　)。

A. 借：营业外支出　　114
　　贷：待处理财产损溢　　114

B. 借：管理费用　　114
　　贷：待处理财产损溢　　114

C. 借：营业外支出　　80
　　贷：待处理财产损溢　　80

D. 借：管理费用　　80
　　贷：待处理财产损溢　　80

23. 企业对于已记入“待处理财产损溢”科目的存货盘亏及毁损事项进行会计处理时，应计入管理费用的是(　)。

A. 管理不善造成的存货净损失　　B. 自然灾害造成的存货净损失

C. 应由保险公司赔偿的存货损失　　D. 应由过失人赔偿的存货损失

24. 某企业2014年3月31日，乙存货的实际成本为100万元，加工该存货至完工产成品估计还将发生成本20万元，销售费用和相关税费2万元，估计用该存货生产的产成品售价为110万元。假定乙存货月初“存货跌价准备”科目余额为0，2014年3月31日应计提的存货跌价准备为(　)万元。

A. -10　　B. 0　　C. 10　　D. 12

二、多项选择题

1. 下列各项中，属于企业其他货币资金的有(　)。

A. 信用卡存款　　B. 存出投资款　　C. 外埠存款　　D. 银行本票存款

2. 应收票据终止确认时，对应的会计科目可能有(　)。

A. 资本公积　　B. 原材料　　C. 应交税费　　D. 材料采购

3. 下列事项中，通过“其他应收款”科目核算的有(　)。

A. 应收的各种赔款、罚款　　B. 应收的出租包装物租金

C. 存出保证金　　D. 企业代购货单位垫付包装费、运杂费

4. 下列各项中，应计提坏账准备的有(　)。

A. 应收账款　　B. 应收票据　　C. 预付账款　　D. 其他应收款

5. 下列各项中，应在“坏账准备”科目借方登记的有(　)。

A. 冲减已计提的坏账准备　　B. 收回前期已核销的应收账款

C. 核销实际发生的坏账损失　　D. 计提坏账准备

6. “交易性金融资产”科目借方登记的内容有(　)。

A. 交易性金融资产的取得成本

B. 资产负债表日其公允价值高于账面余额的差额

C. 取得交易性金融资产所发生的相关交易费用

D. 资产负债表日其公允价值低于账面余额的差额

7. 某企业为增值税一般纳税人，开出银行承兑汇票购入原材料一批，并支付银行承兑手续费。下列各项中，关于该企业采购原材料的会计处理表述正确的有(　)。

A. 支付的运输费计入材料成本

B. 支付的可以抵扣的增值税进项税额计入材料成本

C. 支付的原材料价款计入材料成本

D. 支付的票据承兑手续费计入财务费用

8. 下列各项中，企业可以采用的发出存货成本计价方法有(　)。

A. 先进先出法　　B. 移动加权平均法

C. 个别计价法　　D. 成本与可变现净值孰低法

9. 下列各项中，关于企业存货的表述正确的有(　)。

A. 存货应按照成本进行初始计量

B. 存货成本包括采购成本、加工成本和其他成本

C. 存货期末计价应按照成本与可变现净值孰低计量

D. 存货采用计划成本核算的，期末应将计划成本调整为实际成本

10. 下列与存货相关的会计处理的表述中，正确的有(　)。

A. 应收保险公司存货损失赔偿款计入其他应收款

B. 资产负债表日存货应按成本与可变现净值孰低计量

C. 按管理权限报经批准的盘盈存货价值冲减管理费用

D. 结转商品销售成本的同时转销其已计提的存货跌价准备

三、判断题

1. 编制银行存款余额调节表只是为了核对账目，不能作为调节银行存款日记账账面余额的记账依据。(　)

2. 资产负债表中货币资金根据银行存款、库存现金和其他货币资金 3 个总账科目余额填列。(　)

3. 银行本票的提示付款期限自出票日起最长不得超过 90 天。(　)

4. 企业向证券公司划出资金时，应按实际划出的金额，借记“其他货币资金——存出保证金”科目，贷记“银行存款”科目。(　)

5. 企业在确定应收账款减值的核算方式时，应根据企业实际情况，按照成本效益原则，在备抵法和直接转销法之间合理选择。(　)

6. 企业应收款项发生减值时，应将该应收款项账面价值高于预计未来现金流量现值的差额确认为减值损失，计入当期损益。(　)

7. 企业取得交易性金融资产时，支付给证券交易所的手续费和佣金应计入其初始确认金额。(　)

8. 企业为取得交易性金融资产发生的交易费用应计入交易性金融资产初始确认金额。(　)

9. 出售交易性金融资产时，确认的投资收益数额一定是取得价款和交易性金融资产账面价值的差额。(　)

10. 商品流通企业在采购商品过程中发生的运杂费等进货费用，应当计入存货采购成本。进货费用数额较小的，也可以在发生时直接计入当期费用。(　)

四、业务处理题

1. 甲公司 2016 年 12 月份发生与银行存款有关的业务如下：

(1) 甲公司 2016 年 12 月份发生转账收付业务：

①12 月 28 日，甲公司收到 A 公司开出的 480 万元转账支票，交存银行。该笔款项系 A 公司违约支付的赔款，甲公司将其计入当期损益。

②12 月 29 日，甲公司开出转账支票支付 B 公司咨询费 360 万元，并于当日交给 B 公司。

(2)12 月 31 日，甲公司银行存款日记账余额为 432 万元，银行转来对账单余额为 664 万元。经逐笔核对，发现以下未达账项：

①甲公司已将 12 月 28 日收到的 A 公司赔款登记入账，但银行尚未记账。

②B 公司尚未将 12 月 29 日收到的支票送存银行。

③甲公司委托银行代收 C 公司购货款 384 万元，银行已于 12 月 30 日收妥并登记入账，但甲公司尚未收到收款通知。

④12 月份甲公司发生借款利息 32 万元，银行已减少其存款，但甲公司尚未收到银行的付款通知。

要求：

(1)编制甲公司上述业务(1)的会计分录。

(2)根据上述资料编制甲公司银行存款余额调节表。

(答案中的金额单位用万元表示)

2. 甲公司 2014 年 3 月 1 日向乙公司销售一批产品，货款为 1 500 000 元，尚未收到，已办妥托收手续，适用的增值税税率为 17%。3 月 15 日，甲公司收到乙公司寄来的一张 3 个月到期的商业承兑汇票，面值为 1 755 000 元，抵付产品货款。6 月 15 日，甲公司上述应收票据到期，收回票面金额 1 755 000 元存入银行。要求：编制上述业务发生的会计分录。

3. 2014 年 1 月 1 日，甲公司购入 B 公司发行的公司债券，该笔债券于 2013 年 7 月 1 日发行，面值为 2 500 万元，票面利率为 4%，债券利息按年支付。甲公司将其划分为交易性金融资产，支付价款为 2 600 万元(其中包含已到付息期但尚未领取的债券利息 50 万元)，另支付交易费用 30 万元。2014 年 1 月 8 日，甲公司收到该笔债券利息 50 万元。2015 年初，甲公司收到债券利息 100 万元。假定 2014 年 6 月 30 日，甲公司购买的该笔债券的公允价值(市价)为 2 780 万元；2014 年 12 月 31 日，甲公司购买的该笔债券的公允价值(市价)为 2 560 万元。要求：根据给出的资料，编制相关会计分录。

4. A 公司 2011 年 7 月 1 日结存甲材料 100 公斤，每公斤实际成本 1 000 元。本月发生如下有关业务：3 日，购入甲材料 50 公斤，每公斤实际成本 1 050 元，材料已验收入库。5 日，发出甲材料 80 公斤。7 日，购入甲材料 70 公斤，每公斤实际成本 980 元，材料已验收入库。12 日，发出甲材料 130 公斤。20 日，购入甲材料 80 公斤，每公斤实际成本 1 100 元，材料已验收入库。25 日，发出甲材料 30 公斤。要求：

(1)假定 A 公司原材料采用实际成本核算，发出材料采用先进先出法，请根据上述资料，计算甲材料 5 日、25 日发出材料的成本以及期末结存的成本。

(2)假定 A 公司原材料采用实际成本核算，发出材料采用加权平均法，请根据上述资料计算 A 公司当月结存材料的实际成本和发出材料的实际成本。

(小数点后保留两位)

第六章　非流动资产核算

一、单项选择题

1. 甲公司购入债券，作为持有至到期投资核算，购买价款400万元，另支付交易费用8万元，债券面值为360万元，票面利率为10%，则该持有至到期投资的入账价值为（　）万元。

A. 400　　B. 360　　C. 368　　D. 408

2. 持有至到期投资为到期一次还本付息的债券，在资产负债表日应收未收利息应计入（　）。

A. 应收利息　　B. 长期应收款

C. 其他应收款　　D. 持有至到期投资——应计利息

3. 下列各项中，属于资产负债表日计算持有至到期投资实际利息的是（　）。

A. 持有至到期投资公允价值乘以实际利率

B. 持有至到期投资票面价值乘以票面利率与实际利率的差额

C. 持有至到期投资公允价值乘以票面利率

D. 持有至到期投资摊余成本乘以实际利率

4. 2012年1月1日，甲公司购入乙公司当月发行的面值总额为1 000万元的债券，期限为5年，到期一次还本付息。票面利率8%，支付价款1 080万元，另支付相关税费10万元。甲公司将其划分为持有至到期投资，应记入“持有至到期投资——利息调整”科目金额为（　）万元。

A. 70　　B. 80　　C. 90　　D. 110

5. 2015年1月15日，甲公司购买非同一控制下乙公司发行的股票8 000万股，拟长期持有，持有51%的股权并达到控制，每股买价5元，款项已经支付。乙公司当年实现净利润500万元，宣告分配现金股利200万元。2015年12月31日，长期股权投资的账面余额为（　）万元。

A. 40 153　　B. 40 255　　C. 40 000　　D. 40 102

6. 某企业采用成本法核算长期股权投资，被投资单位宣告发放现金股利时，投资企业应按所持股份份额进行的会计处理正确的是（　）。

A. 冲减投资收益　　B. 增加投资收益

C. 冲减长期股权投资　　D. 增加资本公积

7. 甲公司购买乙公司的股票300万股，每股5元，另外支付相关税费4万元，占乙公司20%的股份，对乙公司有重大影响，当日乙公司可辨认净资产的公允价值为8 000万元，则甲公司对该股票投资的入账价值是(　)万元。

A. 1 604　　B. 1 500　　C. 1 600　　D. 1 504

8. 甲公司持有乙公司28%的股份，对乙公司具有重大影响，采用权益法核算长期股权投资。2014年初，甲公司“长期股权投资——乙公司”余额为260万元，当年乙公司亏损1 600万元，不考虑其他因素，则甲公司2014年应冲减长期股权投资的账面价值为(　)万元。

A. 20　　B. 1 000　　C. 280　　D. 260

9. 下列各项中，应确认为投资损益的是(　)。

A. 投资性房地产出租期间所取得的租金收入

B. 为取得长期股权投资发生的相关交易费用

C. 采用成本法核算的长期股权投资处置时实际取得的价款与其账面价值的差额

D. 采用权益法核算的长期股权投资持有期间收到被投资方宣告发放的股票股利

10. 下列各项中，应确认为投资收益的是(　)。

A. 以公允价值模式计量的投资性房地产的公允价值变动

B. 支付与取得长期股权投资直接相关的费用

C. 处置长期股权投资净损益

D. 计提长期股权投资减值准备

11. 下列各项中，不应计入相关金融资产或金融负债初始入账价值的是(　)。

A. 发行长期债券发生的交易费用

B. 取得交易性金融资产发生的交易费用

C. 取得持有至到期投资发生的交易费用

D. 取得可供出售金融资产发生的交易费用

12. A公司于2017年4月5日从证券市场上购入B公司发行在外的股票200万股作为可供出售金融资产，每股支付价款4元(含已宣告但尚未发放的现金股利0.5元)，另支付相关费用12万元。A公司可供出售金融资产取得时的入账价值为(　)万元。

A. 700　　B. 800　　C. 712　　D. 812

13. 11月5日，以890万元购入可供出售金融资产100万股，其中包含未宣告的每股股利0.8元，另外支付交易费用2万元，12月31日公允价值为960万元，该可供出售金融资产的账面价值为(　)万元。

A. 890　　B. 960　　C. 812　　D. 892

14. 企业在资产负债表日计提的可供出售金融资产减值准备，应借记的会计科目是(　)。

A. 投资收益　　B. 资本公积　　C. 资产减值损失　　D. 其他综合收益

15. 某企业为增值税一般纳税人，适用的增值税税率为17%，2014年6月建造设备领用外购原材料实际成本20 000元，计税价格为24 000元，该项业务应计入在建工程成本的金额为(　)元。

A. 20 000　　B. 23 400　　C. 24 080　　D. 28 000

16. 某企业为增值税一般纳税人，适用的增值税税率为17%，2014年6月建造设备领用自产产品实际成本20 000元，计税价格为24 000元，该项业务应计入在建工程成本的金额为(　)元。

A. 20 000　　B. 23 400　　C. 24 080　　D. 28 000

17. 某企业为增值税一般纳税人，适用的增值税税率为17%，2014年6月将自产产品作为集体福利发给职工，产品实际成本20 000元，计税价格为24 000元，该项业务应计入应付职工薪酬的金额为(　)元。

A. 20 000　　B. 23 400　　C. 24 080　　D. 28 080

18. 2009年12月31日，甲公司购入一台设备并投入使用，其成本为25万元，预计使用年限5年，预计净残值1万元，采用双倍余额递减法计提折旧。假定不考虑其他因素，2010年度该设备应计提的折旧为(　)万元。

A. 4.8　　B. 8　　C. 9.6　　D. 10

19. 2012年12月31日，甲公司购入一台设备，入账价值为100万元，预计使用年限为5年，预计净残值为4万元，采用双倍余额递减法计算折旧，则该项设备2014年应计提的折旧额为(　)万元。

A. 25.6　　B. 19.2　　C. 40　　D. 24

20. 下列关于企业计提固定资产折旧会计处理的表述中，不正确的是(　)。

A. 对管理部门使用的固定资产计提的折旧应计入管理费用

B. 对财务部门使用的固定资产计提的折旧应计入财务费用

C. 对生产车间使用的固定资产计提的折旧应计入制造费用

D. 对专设销售机构使用的固定资产计提的折旧应计入销售费用

21. 某企业对一条生产线进行改扩建，该生产线原价1 000万元，已计提折旧300万元，改扩建生产线发生相关支出800万元，满足固定资产确认条件，则改扩建后生产线的入账价值为(　)万元。

A. 800　　B. 1 500　　C. 1 800　　D. 1 000

22. 下列关于固定资产的表述中，正确的是(　)。

A. 经营出租的生产设备计提的折旧记入"其他业务成本"科目

B. 当月新增固定资产，当月开始计提折旧

C. 生产线的日常修理费记入"在建工程"科目

D. 设备报废清理费记入"管理费用"科目

23. 企业自用仓库出租，出租时账面原值300万元，已计提折旧30万元，计提减值准备40万元，公允价值为400万元，则该仓库的账面价值是(　)。

A. 400　　B. 300　　C. 230　　D. 260

24. 不会导致固定资产账面价值发生增减的是(　)。

A. 盘盈固定资产　　B. 经营性租入设备

C. 以固定资产对外投资　　D. 计提减值准备

25. 甲公司为增值税一般纳税人，2009年1月5日以2 700万元购入一项专利权，另支付相关税费120万元。为推广由该专利权生产的产品，甲公司发生广告宣传费60万元。该

专利权预计使用5年，预计净残值为零，采用直线法摊销。假设不考虑其他因素，2009年12月31日该专利权的账面价值为(　)万元。

A. 2 160　　B. 2 256　　C. 2 304　　D. 2 700

26. 2013年3月1日，某企业开始自行研发一项非专利技术，2014年1月1日研发成功并达到预定可使用状态。该非专利技术研究阶段累计支出300万元(均不符合资本化条件)，开发阶段累计支出800万元(其中不符合资本化条件的支出为200万元)，不考虑其他因素，该非专利技术的入账价值为(　)万元。

A. 800　　B. 900　　C. 1 100　　D. 600

27. 2014年8月1日，某企业开始研究开发一项新技术，当月共发生研发支出800万元，其中，费用化的金额650万元，符合资本化条件的金额150万元。8月末，研发活动尚未完成。该企业2014年8月应计入当期利润总额的研发支出为(　)万元。

A. 0　　B. 150　　C. 650　　D. 800

28. 下列各项中关于无形资产的表述不正确的是(　)。

A. 使用寿命不确定的无形资产不应进行摊销

B. 无形资产的摊销方法应反映其经济利益的预期实现方式

C. 各种无形资产的摊销额应全部计入当期损益

D. 使用寿命有限的无形资产自可供使用当月起开始摊销

29. 2014年9月1日，某工业企业转让一项专利权，该专利权成本为250 000元，累计摊销50 000元，取得转让价款300 000元。不考虑其他因素，则下列关于转让专利权的会计处理结果正确的是(　)。

A. 营业外收入增加300 000元　　B. 其他业务收入增加300 000元

C. 营业外收入增加100 000元　　D. 其他业务收入增加100 000元

30. 2011年3月某企业开始自行研发一项非专利技术，至2011年12月31日研发成功并达到预定可使用状态，累计研究支出为160万元，累计开发支出为500万元(其中符合资本化条件的支出为400万元)。该非专利技术使用寿命不能合理确定。假定不考虑其他因素，该业务导致企业2011年度利润总额减少(　)万元。

A. 100　　B. 160　　C. 260　　D. 660

二、多项选择题

1. 以下关于持有至到期投资表述正确的有(　)。

A. 到期日固定

B. 企业持有的、在活跃市场上没有公开报价的国债、企业债券、金融债券等

C. 企业持有的、在活跃市场上有公开报价的国债、股票等

D. 回收金额固定或可确定

2. 下列各项中，判断投资企业是否对被投资单位具有重大影响应考虑的情形有(　)。

A. 参与被投资单位财务和经营政策制定过程

B. 向被投资单位提供关键技术资料

C. 向被投资单位派遣管理人员

D. 向被投资单位的董事会或者类似权力机构派遣代表

3. 下列各项中其减值损失一经确认，在以后的会计期间不得转回的有(　)。

A. 长期股权投资　　B. 可供出售金融资产

C. 固定资产　　D. 持有至到期投资

4. 下列各项中，交易费用会计处理的表述正确的有(　)。

A. 取得持有至到期投资支付的交易费用应计入初始投资成本

B. 取得交易性金融资产支付的交易费用应计入投资收益

C. 取得可供出售金融资产支付的交易费用应计入初始投资成本

D. 取得长期股权投资支付的交易费用应计入投资收益

5. 下列有关可供出售金融资产会计处理的表述中，正确的有(　)。

A. 可供出售金融资产发生的减值损失应计入当期损益

B. 取得可供出售金融资产发生的交易费用应计入资产成本

C. 可供出售金融资产期末应采用摊余成本计量

D. 可供出售金融资产持有期间取得的现金股利应冲减资产成本

6. 关于金融资产的计量，下列说法中正确的有(　)。

A. 交易性金融资产应当按照取得时的公允价值和相关的交易费用作为初始确认金额

B. 可供出售金融资产应当按取得时该金融资产的公允价值和相关交易费用之和作为初始确认金额

C. 可供出售金融资产应当按照取得时的公允价值作为初始确认金额，相关的交易费用在发生时计入当期损益

D. 持有至到期投资在持有期间应当按照摊余成本和实际利率计算确认利息收入，计入投资收益

7. 下列各项中，影响固定资产折旧的因素有(　)。

A. 固定资产原价

B. 固定资产的预计使用寿命

C. 固定资产预计净残值

D. 已计提的固定资产减值准备

8. 下列各项中，应计提固定资产折旧的有(　)。

A. 经营租入的设备

B. 融资租入的办公楼

C. 已投入使用但未办理竣工决算的厂房

D. 已达到预定可使用状态但未投产的生产线

9. 下列各项中，关于企业固定资产折旧方法的表述正确的有(　)。

A. 年限平均法需要考虑固定资产的预计净残值

B. 年数总和法计算的固定资产折旧额逐年递减

C. 双倍余额递减法不需要考虑固定资产的预计净残值

D. 年数总和法不需要考虑固定资产的预计净残值

10. 下列各项中，影响固定资产清理净损益的有(　)。

A. 清理固定资产发生的税费
B. 清理固定资产的变价收入
C. 清理固定资产的账面价值
D. 清理固定资产耗用的材料成本
11. 下列关于无形资产的表述中，正确的有(   )。
A. 寿命不确定的不计提减值准备
B. 寿命有限的应进行摊销
C. 寿命有限的应按生产总量法摊销
D. 已计提减值的在以后期间不得转回
12. 下列各项中，关于无形资产会计处理的表述正确的有(   )。
A. 预期不能给企业带来经济利益的专利权应终止确认无形资产
B. 无形资产减值损失确认后不能转回
C. 处置无形资产形成的净损失应计入营业外支出
D. 使用寿命不确定的无形资产不应摊销
13. 关于工业企业无形资产的表述，正确的有(   )。
A. 使用寿命有限的无形资产，不计提摊销
B. 使用寿命不确定的无形资产，不予以摊销
C. 无形资产减值一经确认，在以后会计期间不得转回
D. 租出无形资产的摊销额，应计入其他业务成本
14. 下列各项中，应计入相关资产成本的有(   )。
A. 经营租入管理用设备的租赁费
B. 非企业合并取得长期股权投资发生的相关税费
C. 购进原材料在运输途中发生的合理损耗
D. 按法定程序申请取得专利而发生的费用
15. 下列各项中，会引起固定资产账面价值发生变化的有(   )。
A. 计提固定资产减值准备
B. 计提固定资产折旧
C. 固定资产改扩建
D. 固定资产日常修理

三、判断题

1. 取得持有至到期投资时支付价款中包含已到付息期但尚未领取的债券利息，应计入持有至到期投资的初始确认金额。(   )

2. 资产负债表日，企业应按持有至到期投资的摊余成本和票面利率确定投资收益。(   )

3. 处置持有至到期投资时，应将所取得价款与该投资账面价值之间的差额计入资本公积。(   )

4. 控制是指投资方拥有对被投资方的权利，通过参与被投资方的相关活动而享有可变回报并且有能力运用对被投资方的权利影响其回报金额。 （ ）

5. 权益法下，长期股权投资的初始投资成本大于投资方应享有被投资方可辨认净资产公允价值的份额，投资企业应调整初始投资成本。 （ ）

6. 可供出售金融资产的债券在计算投资收益时需要考虑利息调整。 （ ）

7. 可供出售金融资产、持有至到期投资，被投资方宣告发放股利或期末计提利息计入投资收益。 （ ）

8. 企业以一笔款项购入多项没有单独标价的固定资产时，应按各项固定资产公允价值的比例对总成本进行分配，分别确定各项固定资产的成本。 （ ）

9. 企业自行建造固定资产，应按建造该项资产竣工决算前所发生的必要支出，作为固定资产的成本。 （ ）

10. 停止使用的生产性生物资产，应当自停止使用月份的当月起停止计算折旧。 （ ）

11. 企业生产车间发生的固定资产日常修理费用应确认为制造费用。 （ ）

12. 企业发生固定资产改扩建支出且符合资本化条件的应计入相应的在建工程成本。 （ ）

13. 已达到预定可使用状态但尚未办理竣工决算的固定资产不应计提折旧。 （ ）

14. 无形资产是指企业拥有或控制的没有实物形态的非货币性资产，包括可辨认非货币性无形资产和不可辨认无形资产。 （ ）

15. 除房地产企业以外的企业单独取得的土地使用权，应将取得时发生的支出资本化作为无形资产成本。 （ ）

四、业务处理题

1. 甲公司在上海证券交易所将其作为长期投资持有的远海股份有限公司 15 000 股股票，以每股 10 元的价格卖出，支付相关税费 1 000 元，取得价款 149 000 元，款项已由银行收妥。该长期股权投资账面价值为 140 000 元，假定没有计提减值准备，试编制会计分录。

2. 2014 年 1 月 1 日，甲公司购入 B 公司发行的公司债券。该笔债券于 2013 年 7 月 1 日发行，面值为 25 000 000 元，票面利率为 4%。上年债券利息于下年初支付。甲公司将其划分为可供出售金融资产，支付价款为 26 000 000 元（其中包含已到付息期但尚未领取的债券利息 500 000 元），另支付交易费用 300 000 元。2014 年 1 月 8 日，甲公司收到该笔债券利息 500 000 元，2015 年初，甲公司又收到债券利息 1 000 000 元。试编制会计分录。

3. 甲公司发生以下业务：

（1）2011 年 3 月 2 日，甲公司以每股 8 元的价格自二级市场购入乙公司股票 120 万股，支付价款 960 万元。甲公司将其购入的乙公司股票分类为可供出售金融资产。

（2）2011 年 4 月 15 日收到乙公司本年 3 月 20 日宣告发放的现金股利 20 万元。

（3）2011 年 12 月 31 日，乙公司股票的市场价格为每股 9 元。

（4）2012 年 12 月 31 日，乙公司股票的市场价格为每股 5 元。甲公司预计由于受国际金融危机的影响乙公司股票的市场价格将持续下跌。

(5)2013 年 12 月 31 日，股票市场有所好转，乙公司股票的市场价格为每股 6 元。

(6)2014 年 3 月 20 日，甲公司以每股 8 元的价格将其对外出售，取得价款为 960 万元。假定不考虑其他因素的影响。

要求：编制相关经济业务的会计分录。（金额单位用万元表示）

4. 甲公司对机器设备采用双倍余额递减法计提折旧。2009 年 12 月 20 日，甲公司购入一台不需要安装的机器设备，价款 117 000 元，增值税 19 890 元，另支付保险费 2 000 元、包装费 1 000 元，款项均以银行存款支付。该设备即日起投入基本生产车间使用，预计可使用 5 年，预计净残值为 5 000 元，假定不考虑固定资产减值因素。试编制相关经济业务的会计分录。

5. 甲企业为增值税一般纳税人，增值税税率为 17%。2016 年发生固定资产业务如下：

(1)1 月 20 日，企业管理部门购入一台不需安装的 A 设备，取得的增值税专用发票上注明的设备价款为 550 万元，增值税为 93.5 万元，另发生运输费 4.5 万元，款项均以银行存款支付。

(2)A 设备经过调试后，于 1 月 22 日投入使用，预计使用 10 年，净残值为 35 万元，决定采用双倍余额递减法计提折旧。

(3)7 月 15 日，企业生产车间购入一台需要安装的 B 设备，取得的增值税专用发票上注明的设备价款为 600 万元，增值税为 102 万元，另发生保险费 8 万元，款项均以银行存款支付。

(4)8 月 19 日，将 B 设备投入安装，以银行存款支付安装费 3 万元。B 设备于 8 月 25 日达到预定使用状态，并投入使用。

(5)B 设备采用工作量法计提折旧，预计净残值为 35.65 万元，预计总工时为 5 万小时。9 月，B 设备实际使用工时为 720 小时。

要求：编制相关经济业务的会计分录。

6. 某企业采用“应收账款余额百分比法”计提坏账准备，坏账准备的提取比例为 5‰，有关资料如下：

(1)该企业从 2015 年开始计提坏账准备，该年末应收账款余额为 1 100 000 元；

(2)2016 年 8 月，经有关部门确认一笔坏账损失，金额为 9 000 元；

(3)2016 年 10 月，上述已核算的坏账又收回 4 000 元；

(4)2016 年年末应收账款余额为 1 000 000 元。

要求：编制相关经济业务的会计分录。

第四篇　资金运动

第七章　成本费用核算

一、单项选择题

1. 下列各项中，应在发生时确认为“销售费用”的是(　)。

A. 车间管理人员的薪酬　　B. 对外出租的投资性房地产的折旧

C. 专设销售机构固定资产的折旧　　D. 厂部管理人员的薪酬

2. 2014 年 1 月 1 日 A 公司经营租出管理用设备一台，每月该设备折旧金额 100 万元，租期为两年，租金在每季末收取，则 2014 年 1 月末针对计提的折旧金额应编制的会计分录为(　)。(分录中的金额单位为万元)

A. 借：其他业务成本　100
　　贷：预付账款　100

B. 借：其他业务成本　100
　　贷：银行存款　100

C. 借：其他业务成本　100
　　贷：累计折旧　100

D. 借：管理费用　100
　　贷：累计折旧　100

3. 某企业某月销售生产的商品确认销售成本 100 万元，销售原材料确认销售成本 10 万元，本月发生现金折扣 1.5 万元。不考虑其他因素，该企业该月计入其他业务成本的金额为(　)万元。

A. 100　　B. 110　　C. 10　　D. 11.5

4. 某企业 2013 年 11 月发生以下经济业务：车间管理部门应分摊的固定资产折旧 30 万元，因收发差错造成的存货短缺净损失 10 万元，管理部门机器设备日常维修支出 40 万元，办公楼应摊销的土地使用税 300 万元。该企业 11 月份应计入管理费用的金额是(　)万元。

A. 380　　B. 350　　C. 310　　D. 50

5. 超支的业务招待费应计入(　)。

A. 其他业务成本　　B. 营业外支出　　C. 管理费用　　D. 财务费用

6. 企业筹建期间发生的长期借款利息支出不能资本化的部分应该计入(　)。

A. 财务费用　　B. 营业外收入　　C. 管理费用　　D. 在建工程

7. 下列各项中，不通过财务费用核算的是(　)。

A. 企业发行股票支付的手续费　　B. 企业支付的银行承兑汇票手续费

C. 企业购买商品时取得的现金折扣　　D. 企业销售商品时发生的现金折扣

8. 某工业企业为增值税一般纳税人，2013 年应交的各种税金如下：增值税 700 万元，消费税(全部为销售应税消费品发生)300 万元，城市维护建设税 60 万元，教育费附加 10 万元，房产税 20 万元，所得税费用 500 万元。上述各项税金应记入“税金及附加”科目的金额为(　)万元。

A. 70　　B. 370　　C. 90　　D. 460

9. 下列日常经营活动涉及的税金中，记入“税金及附加”科目的是(　)。

A. 增值税、车船使用税　　B. 城市维护建设税、教育费附加

C. 消费税、增值税　　D. 印花税、消费税

10. 下列各项中，应该通过“销售费用”科目核算的是(　)。

A. 销售方发生的现金折扣　　B. 出售固定资产支付的清理费用

C. 销售商品过程中发生的保险费用　　D. 业务招待费

11. 下列各项中，不应计入销售费用的是(　)。

A. 已售商品预计保修费用　　B. 为推广新产品而发生的广告费用

C. 随同商品出售且单独计价的包装物成本　D. 随同商品出售而不单独计价的包装物成本

12. 甲工业企业产品不含税售价每件 460 元，若客户购买达到 200 件及以上，可得到 40 元/件的商业折扣。某客户 2014 年 12 月 10 日购买该企业产品 200 件，按规定现金折扣条件为：2/10，1/20，n/30(假定计算现金折扣时考虑增值税)。适用的增值税税率为 17%。该企业于 12 月 26 日收到该笔款项时，应确认的财务费用金额为(　)元。

A. 84　　B. 0　　C. 1 965.6　　D. 982.8

二、多项选择题

1. 企业的营业成本包括(　)。

A. 主营业务成本　　B. 其他业务成本　　C. 营业外支出　　D. 生产成本

2. 下列各项中，应计入财务费用的有(　)。

A. 应付财务人员的工资　　B. 生产经营用短期借款支付的利息

C. 汇兑业务支付的手续费　　D. 发生的现金折扣

3. 下列各项中，不应在发生时确认为销售费用的有(　)。

A. 车间管理人员的工资　　B. 投资性房地产的折旧额

C. 专设销售机构固定资产的维修费　　D. 预计产品质量保证损失

4. 下列各项中属于期间费用的是(　)。

A. 管理部门的劳动保险费　　B. 董事会会费

C. 季节性停工损失　　D. 销售人员的工资

5. 下列各项中，关于管理费用会计处理表述正确的有(　)。

A. 无法查明原因的现金短缺应计入管理费用
B. 转销确实无法支付的应付账款应冲减管理费用
C. 行政管理部门负担的工会经费应计入管理费用
D. 企业在筹建期间内发生的开办费应计入管理费用

6. 下列各项中，应计入财务费用的有(　)。

A. 银行承兑汇票手续费　　B. 购买交易性金融资产手续费
C. 外币应收账款汇兑损失　　D. 商业汇票贴现发生的贴现息

7. 下列各项业务中，不会影响主营业务成本金额的有(　)。

A. 工业企业计提经营出租固定资产折旧
B. 销售原材料成本
C. 用于对外投资的自产产品成本
D. 发生的销售折让

8. 下列各项中，属于“其他业务成本”科目核算的内容有(　)。

A. 经营租出固定资产计提的折旧
B. 经营租出无形资产的服务费
C. 销售材料结转的材料成本
D. 出售无形资产结转的无形资产的摊余价值

9. 下列各项中，关于费用的特点，说法正确的有(　)。

A. 费用是企业在日常活动中发生的经济利益流出
B. 费用会导致所有者权益的减少
C. 费用与向所有者分配利润无关
D. 成本费用包括主营业务成本、其他业务成本和期间费用

三、判断题

1. 企业在确认商品销售收入后发生的销售折让(不考虑日后事项)，应在实际发生时计入财务费用。(　)

2. 税金及附加是指企业经营活动应负担的相关税费，包括消费税、城市维护建设税、增值税和资源税等。(　)

3. 随同产品出售不单独计价的包装物，应该在包装物发出时，结转成本并计入其他业务成本中。(　)

4. 随同商品出售而单独计价的包装物的实际成本应记入“其他业务成本”科目。(　)

5. 制造费用与管理费用不同，本期发生的管理费用直接影响本期损益，而本期发生的制造费用不一定影响本期的损益。(　)

6. 费用是指企业在日常活动中发生的、会导致资产减少的、与向所有者分配利润无关的经济利益的总流出。(　)

7. 企业生产经营期间计提的短期借款的利息费用均计入财务费用中。(　)

8. 企业发生的增值税、消费税、教育费附加等均应记入“税金及附加”科目。(　)

9. 企业出售固定资产发生的处置净损失属于企业的费用。 ( )

四、业务处理题

1. 2×14 年 6 月 2 日，甲公司向乙公司销售一批商品，开出的增值税专用发票上注明的销售价格为 30 000 元，增值税税额为 5 100 元，款项尚未收到；这批商品的成本为 20 000 元。乙公司收到商品后，经过验收发现，该批商品存在一定的质量问题，外观存在一定的瑕疵，但基本上不影响使用，因此，6 月 20 日乙公司要求甲公司在价格上给予一定的折让(含增值税税额)，折让率 10%，甲公司表示同意。假定甲公司已经确认收入，与销售折让有关的增值税税额税务机关允许扣减，销售折让也不属于资产负债表日后事项，试编制会计分录。

2. 2×14 年 11 月 22 日，某公司销售商品领用单独计价的包装物成本 40 000 元，增值税专用发票上注明销售收入 100 000 元，增值税税额为 17 000 元，款项已存入银行。假设不考虑材料成本差异，试编制会计分录。

第八章　收入核算

一、单项选择题

1. 企业2013年1月售出产品并已确认收入，2013年5月发生销售退回时，其冲减的销售收入应在退回当期记入(　)科目的借方。

A.“营业外收入”　B.“营业外支出”　C.“利润分配”　D.“主营业务收入”

2. 甲企业委托乙企业代销一批商品6 000件，代销价款为100元/件。该商品成本为60元/件，甲企业适用增值税税率为17%。2014年5月，甲企业收到乙企业开来的代销清单上列明已销售代销商品的50%，甲企业向乙企业开具增值税专用发票。甲企业按售价的3%支付给乙企业手续费。甲企业2014年5月应确认的销售收入为(　)元。

A. 300 000　B. 188 000　C. 400 000　D. 388 000

3. 企业对于已经发出但尚未确认销售收入的商品的成本，应借记的会计科目是(　)。

A.“在途物资”　B.“主营业务成本”　C.“发出商品”　D.“库存商品”

4. 企业已确认销售收入的售出商品发生销售折让，且不属于资产负债表日后事项的，应(　)。

A. 增加销售费用　B. 冲减主营业务成本

C. 冲减主营业务收入　D. 增加营业外支出

5. 某工业企业销售产品每件120元，若客户购买100件(含100件)以上，每件可得到20元的商业折扣。某客户2013年12月10日购买该企业产品100件，按规定现金折扣条件为：2/10，1/20，n/30。适用的增值税税率为17%，假定计算现金折扣时考虑增值税。该企业于12月29日收到该笔款项时，应给予客户的现金折扣为(　)元。

A. 0　B. 100　C. 117　D. 1 100

6. 大明公司于2013年8月接受一项产品安装任务，安装期5个月，合同收入200 000元，当年实际发生成本120 000元，预计已完工80%，则该企业2013年度确认收入为(　)元。

A. 120 000　B. 160 000　C. 200 000　D. 0

7. 甲公司销售商品一批，商品的销售价款为2 000元，商业折扣10%，增值税税率为17%，现金折扣条件为2/10，1/20，n/30。甲公司销售商品时为对方代垫运费150元(不考虑运费的增值税抵扣问题)，则应收账款的入账金额为(　)元。

A. 2 490　　B. 2 256　　C. 2 106　　D. 2 340

8. 某小规模纳税企业销售产品一批，所开出的普通发票中注明的货款(含税)为10 300元，增值税征收率为3%，款项已经存入银行。该企业应该确认的收入为(　)元。

A. 10 600　　B. 10 000　　C. 9 400　　D. 11 200

9. 2013年5月1日，A公司采用预收款方式销售甲商品，预收货款20万元，总价50万元。约定于7月1日交付剩余款项并发出商品。下列说法正确的是(　)。

A. A公司应于5月1日确认收入50万元

B. A公司应于5月1日确认收入20万元

C. A公司应于7月1日确认收入50万元

D. A公司应于5月1日确认成本20万元

10. 发出不符合收入确认条件的商品时，应借记(　)。

A. "主营业务成本"　　B. "库存商品"　　C. "发出商品"　　D. "在途物资"

11. 甲公司采用托收承付方式销售一批商品，开出的增值税专用发票上注明售价为100万元，增值税额为17万元，商品已经发出，并已向银行办妥托收手续。该批商品的成本为80万元。甲公司销售该商品影响损益的金额为(　)万元。

A. 20　　B. 80　　C. 40　　D. 100

12. 企业购买商品入库后，对于享受的现金折扣，应当(　)。

A. 冲减商品入账成本　　B. 计入营业外收入

C. 冲减财务费用　　D. 冲减管理费用

13. 甲公司于2014年10月向乙公司提供某专利的使用权，合同规定的使用期为20年，一次性收取使用费500 000元，且不提供后续服务，款项已经收到，则甲公司当年应确认的使用费收入为(　)元。

A. 0　　B. 6 250　　C. 500 000　　D. 250 000

二、多项选择题

1. 甲企业2013年10月售出产品一批并确认了收入，2013年12月由于质量问题被退回时，在做相关处理时不会涉及的科目有(　)。

A. "库存商品"　　B. "营业外支出"　　C. "利润分配"　　D. "主营业务收入"

2. 下列事项不能确认收入的有(　)。

A. 采用预收款方式销售发出商品时

B. 已经发生的劳务成本预计全部不能得到补偿

C. 收到商品预收款时

D. 采用支付手续费方式委托代销商品发出商品时

3. 下列各项中，可用于确定所提供劳务完工进度的方法有(　)。

A. 根据测量的已完工作量加以确定

B. 按已经发生的成本占估计总成本的比例计算确定

C. 按已经收到的金额占合同总金额的比例计算确定

D. 按已经提供的劳务占应提供劳务总量的比例计算确定

4. 关于商业折扣的处理，下列表述不正确的有（ ）。

A. 销售企业应当将实际发生的商业折扣计入销售费用

B. 销售企业应当按照扣除商业折扣后的金额确定销售商品收入金额

C. 购买企业应按扣除商业折扣后的含税价款计入应付账款

D. 购买企业应当将享受的商业折扣冲减财务费用

5. 下列有关销售商品收入的处理中，正确的有（ ）。

A. 在采用支付手续费的委托代销方式下销售商品，发出商品时就确认收入

B. 已经确认收入的售出商品被退回时（不属于资产负债表日后期间），直接冲减退回当期的收入、成本、税金等相关项目

C. 当期已经确认收入的售出商品发生销售折让时（不属于资产负债表日后期间），直接将发生的销售折让作为当期的销售费用处理

D. 在采用预收款方式下销售商品的，在发出商品时确认收入

6. 下列业务发生时不能确认收入的有（ ）。

A. 采用预收款方式销售发出商品时

B. 采用支付手续费方式委托代销商品收到代销清单时

C. 采用预收款方式销售商品，收到商品款时

D. 采用支付手续费方式委托代销商品发出商品时

7. 确认商品销售收入时所指的商品所有权上的主要风险和报酬包括（ ）。

A. 商品可能发生的减值风险　　B. 商品可能发生的毁损风险

C. 商品增值或使用形成的经济利益　　D. 商品由于质量问题的退货风险

8. 下列各项不采用完工百分比法确认收入的有（ ）。

A. 分期收款销售商品

B. 委托代销商品

C. 在同一会计期间开始并完工的劳务

D. 跨会计期间才能完成且在资产负债表日交易结果能够可靠估计的劳务

9. 下列各项中，属于让渡资产使用权收入的有（ ）。

A. 出租包装物收取的租金

B. 出售原材料取得的收入

C. 转让无形资产使用权的收入

D. 以经营方式出租固定资产取得的租金收入

10. 甲公司在 2013 年 4 月 8 日向乙公司销售一批商品，开出的增值税专用发票上注明的售价为 50 万元，增值税税额为 8.5 万元。该批商品成本为 30 万元。为及早收回货款，甲公司和乙公司约定的现金折扣条件为：2/10，1/20，n/30。乙公司在 2013 年 4 月 11 日支付货款。2013 年 5 月 11 日，该批商品因质量问题被乙公司退回，甲公司当日支付有关退货款。假定计算现金折扣时不考虑增值税，则甲公司在 2013 年 5 月 11 日的处理正确的有（ ）。

A. 甲公司应冲减当期主营业务收入 50 万元

B. 甲公司应冲减主营业务成本 30 万元

C. 甲公司应贷记“财务费用”科目 1 万元

D. 甲公司应向乙公司支付退货款58.5万元

11. 下列项目中，一般应记入企业“其他业务收入”科目的有（ ）。

A. 销售原材料的收入

B. 经营性租出固定资产的租金收入

C. 随同商品出售不单独计价的包装物取得的收入

D. 出售投资性房地产取得的收入

三、判断题

1. 企业采用支付手续费方式委托代销商品，委托方应在发出商品时确认销售商品收入。（ ）

2. 企业销售商品后实际发生销售退回时，如果已经发生现金折扣的，则应同时调整相关财务费用的金额。（ ）

3. 企业发生的销售退回，均应在发生时冲减发生当期的销售商品收入，同时冲减当期销售商品成本以及税金。（ ）

4. 如果合同或协议规定一次性收取使用费，且提供后续服务的，应在合同或协议规定的有效期内分期确认收入。（ ）

5. 销售收入已经确认后发生的现金折扣和销售折让，均应在实际发生时计入当期财务费用。（ ）

6. 企业在销售商品时，虽然收入确认的其他条件满足，但估计价款收回可能性不大也不应确认收入。（ ）

7. 企业劳务的开始和完成分属于不同的会计期间，且在资产负债表日提供劳务交易的结果能够可靠估计的，应采用完工百分比法确认劳务收入。（ ）

8. 已经发生的劳务成本预计全部不能得到补偿的，应将已经发生的成本计入主营业务成本或者其他业务成本，不确认提供劳务收入。（ ）

9. 企业在销售商品时如提供有商业折扣的，在确认收入时应将商业折扣的部分扣除。（ ）

10. 作为六大会计要素之一的收入，通常不包括处置固定资产净收益、转让无形资产使用权取得的款项等。（ ）

四、业务处理题

1. 甲公司向乙公司销售商品一批，开出的增值税专用发票上注明售价为400 000元，增值税税额为68 000元；甲公司收到乙公司开出的不带息银行承兑汇票一张，票面金额为468 000元，期限为2个月；该批商品已经发出，甲公司以银行存款代垫运杂费2 000元；该批商品成本为320 000元。试编制会计分录。

2. 甲公司为增值税一般纳税企业，2×14年3月1日销售A商品10 000件，每件商品的标价为20元（不含增值税），每件商品的实际成本为12元，A商品适用的增值税税率为17%；由于是成批销售，甲公司给予购货方10%的商业折扣，并在销售合同中规定现金折扣条件为2/10，1/20，n/30；A商品于3月1日发出，购货方于3月9日付款。假定计算现金折扣时考虑增值税，试编制会计分录。

3. 甲公司为增值税一般纳税人，适用的增值税税率为17%，商品销售价格不含增值税；确认销售收入时逐笔结转销售成本。要求：根据下述资料，逐项编制甲公司相关经济业务的会计分录。（答案中的金额单位用万元表示）

2010年12月份，甲公司发生如下经济业务：

（1）12月2日，向乙公司销售A产品，销售价格为600万元，实际成本为540万元。产品已发出，款项存入银行。销售前，该产品已计提跌价准备5万元。

（2）12月8日，收到丙公司退回的B产品并验收入库，当日支付退货款并收到经税务机关出具的开具红字增值税专用发票通知单。该批产品系当年8月份售出并已确认销售收入，销售价格为200万元，实际成本为120万元。

（3）12月10日，与丁公司签订为期6个月的劳务合同，合同总价款为400万元，待完工时一次性收取。至12月31日，实际发生劳务成本50万元（均为职工薪酬），估计为完成该合同还将发生劳务成本150万元。假定该项劳务交易的结果能够可靠估计，甲公司按实际发生的成本占估计总成本的比例确定劳务的完工进度；该劳务不属于增值税应税劳务。

（4）12月31日，将本公司生产的C产品作为福利发放给生产工人，市场销售价格为80万元，实际成本为50万元。

第九章　利润核算

一、单项选择题

1. 下列错误的会计事项，只影响“营业利润”而不影响“利润总额”的是(　)。

A. 将投资收益错登为“其他业务收入”

B. 将罚款支出错登为“其他业务成本”

C. 将定额内损耗的存货盘亏错登为“销售费用”

D. 将出售原材料的成本错登为“主营业务成本”

2. 下列各项，影响当期利润表中营业利润的是(　)。

A. 固定资产盘盈　　B. 无形资产出售损失

C. 无形资产减值损失　　D. 转销确实无法支付的应付账款

3. 某企业于 2013 年 9 月接受一项产品安装任务，安装期 5 个月，合同总收入 30 万元，上年度预收款项 12 万元，余款在安装完成时收回，当年实际发生成本 15 万元，预计还将发生成本 3 万元。2013 年末请专业测量师测量，产品安装程度为 60%，则该项劳务收入影响该企业 2013 年度利润总额的金额为(　)万元。

A. 0　　B. 7.2　　C. 15　　D. 30

4. 甲公司 2014 年度税前会计利润为 9 900 万元，所得税税率为 25%。甲公司全年实发工资、薪金总额为 1 000 万元，职工福利费为 150 万元。经查，甲公司当年营业外支出中有 60 万元为税收滞纳罚金。假定甲公司全年无其他纳税调整因素。税法规定，企业发生的合理的工资、薪金支出准予据实扣除；企业发生的职工福利费支出，不超过工资、薪金总额 14% 的部分准予扣除；企业发生的税收滞纳金不允许扣除。故甲公司 2014 年度的净利润为(　)万元。

A. 9 970　　B. 2 492.5　　C. 7 407.5　　D. 7 425

5. 下列交易或事项中，不应确认为营业外收入的是(　)。

A. 捐赠利得　　B. 收到与收益有关的政府补助

C. 出售无形资产的净收益　　D. 转让无形资产使用权的收益

6. 某企业在 2013 年 12 月 31 日处置一项固定资产，取得价款 300 万元。该固定资产是企业在 2009 年 12 月 11 日购入的，其账面原值为 100 万元，预计使用年限为 5 年，预计净残值为4 000元，按双倍余额递减法计提折旧。该项固定资产未计提减值准备。假定不考虑相关税费，企业处置该项固定资产确认的营业外收入为(　)万元。

A. 300　　B. 289　　C. 189　　D. 230

7. 企业因债权人撤销而转销无法支付的应付账款时，应将所转销的应付账款计入(　)。

A. 资本公积　　B. 其他应付款　　C. 营业外收入　　D. 其他业务收入

8. 甲企业2013年度的利润总额为4 000万元，其中包括本年收到的国库券利息收入80万元，存款利息收入40万元，适用所得税税率为25%。该企业2013年应交所得税为(　)万元。

A. 940　　B. 980　　C. 1 040　　D. 1 060

9. 某企业2012年发生亏损200万元。2013年实现税前会计利润500万元，其中包括国债利息收入20万元，在营业外支出中有税收滞纳金罚款30万元。所得税率为25%。该企业2013年的所得税费用为(　)万元。

A. 112.5　　B. 130　　C. 150　　D. 77.5

10. 根据税法规定，下列各项中，应予纳税调减的项目是(　)。

A. 股票转让净收益　　B. 国债利息收入

C. 公司债券的利息收入　　D. 公司债券转让净收益

11. 下列各项中，应计入营业外收入的是(　)。

A. 银行存款利息收入　　B. 存货盘盈

C. 债务重组利得　　D. 确实无法收回的应收账款

12. 甲企业2016年主营业务收入为500万元，主营业务成本为300万元，其他业务收入为200万元，其他业务成本为100万元，销售费用为15万元，资产减值损失为45万元，公允价值变动收益为60万元，投资收益为20万元，假定不考虑其他因素，则该企业本年营业利润为(　)万元。

A. 300　　B. 320　　C. 365　　D. 380

13. 某企业于2014年4月8日接受政府补助资金75万元用于购买专利技术。该企业于当月购入专利技术，预计摊销年限为5年，则2014年年末应该确认的营业外收入是(　)。

A. 75　　B. 10　　C. 15　　D. 11.25

14. 乙公司2014年全年税前会计利润为988万元，经查乙公司当年营业外支出中有12万元为税收滞纳金。乙公司递延所得税负债年初数为40万元，年末数为50万元，递延所得税资产年初数为25万元，年末数为20万元。乙公司适用的所得税税率为25%，假定不考虑其他因素，则乙公司2014年的所得税费用是(　)万元。

A. 260　　B. 250　　C. 265　　D. 255

二、多项选择题

1. 下列各项，应计入营业外收入的有(　)。

A. 原材料盘盈　　B. 无法查明原因的现金溢余

C. 转让长期股权投资取得的净收益　　D. 转让固定资产所有权取得的净收益

2. 下列各项中，影响利润表中“营业利润”项目金额的有（ ）。

A. 无形资产处置净损失　　B. 支付合同违约金

C. 出售原材料损失　　D. 交易性金融资产公允价值变动损失

3. 下列各项中，影响当期利润表中利润总额的有（ ）。

A. 交纳税收滞纳金　　B. 固定资产盘盈

C. 因长期股权投资取得的投资收益　　D. 无形资产出售利得

4. 下列各事项中，会计上和税法上核算不一致，需要进行纳税调整的有（ ）。

A. 行政性罚款支出　　B. 国债利息收入

C. 公司债券的利息收入　　D. 公司债券转让净收益

5. 会计期末结转本年利润的方法主要有（ ）。

A. 表结法　　B. 账结法　　C. 品种法　　D. 分批法

6. 下列科目中，期末余额应转入本年利润的有（ ）。

A. 财务费用　　B. 主营业务收入　　C. 营业外收入　　D. 递延收益

7. 下列对未分配利润的各项表述中，正确的有（ ）。

A. 当年的净利润是企业未指定特定用途的利润

B. 未分配利润是企业历年实现的净利润经过弥补亏损、提取盈余公积和向投资者分配利润后留存在企业的利润

C.“利润分配——未分配利润”科目如为贷方余额，表示累积未分配的利润数额；如为借方余额，则表示累积未弥补的亏损数额

D. 企业对于未分配利润的使用有严格的限制

8. 企业发生的下列事项中，影响“投资收益”项目金额的有（ ）。

A. 交易性金融资产在持有期间确认的现金股利

B. 持有期间，持有至到期投资的摊余成本和实际利率确定的利息

C. 处置按权益法核算的长期股权投资时，结转持有期间确认的其他权益变动金额

D. 取得可供出售金融资产发生的交易费用

9. 下列各项中，影响当期利润表中“净利润”项目的有（ ）。

A. 固定资产盘盈　　B. 确认所得税费用

C. 对外捐赠固定资产　　D. 无形资产出售利得

10. 下列各项，在计算应纳税所得额时，不需要做纳税调减的是（ ）。

A. 超标的广告费支出　　B. 超过税法规定标准的职工薪酬

C. 国库券利息收入　　D. 税收滞纳金支出

三、判断题

1. 非流动资产处置损失、公益性捐赠支出、盘亏损失、出租包装物的成本、罚款支出等都计入营业外支出。（ ）

2. 企业出租固定资产净收益应该记入“营业外收入”科目。（ ）

3. 企业当期的所得税费用就等于当期的应交所得税。（ ）

4. 企业转让无形资产使用权取得的收入应该计入营业外收入中。（ ）

5. 某企业 2014 年年初有上年形成的亏损 25 万元，当年实现利润总额 15 万元，所得税税率为 25%，则该企业 2014 年不需要交纳企业所得税。（ ）

6. 某企业 2016 年年初有 2015 年形成的亏损 50 万元，税法规定该亏损可以在未来 5 年内用税前利润弥补，2016 年实现利润总额 20 万元，不存在其他纳税调整事项，所得税税率为 25%，则该企业 2016 年需要交纳企业所得税 5 万元。（ ）

7. 处置投资性房地产取得的净收益，属于当期的利得。（ ）

8. 年度终了，应将"本年利润"科目的本年累计余额转入"利润分配——未分配利润"科目。（ ）

9. 对采用成本模式进行后续计量的投资性房地产计提折旧，影响营业利润。（ ）

10. 企业发生毁损的固定资产的净损失，应记入"营业外支出"科目，最终影响净利润的计算。（ ）

11. 企业取得与资产相关的政府补助时，应一次性全额记入"营业外收入"科目。（ ）

四、业务处理题

1. 乙公司 2×14 年有关损益类科目的年末余额如下（该企业采用表结法年末一次结转损益类科目，所得税税率为 25%，单位：元）：

科目名称	借或贷	结账前余额
主营业务收入	贷	6 000 000
其他业务收入	贷	700 000
公允价值变动损益	贷	150 000
投资收益	贷	600 000
营业外收入	贷	50 000
主营业务成本	借	4 000 000
其他业务成本	借	400 000
税金及附加	借	80 000
销售费用	借	500 000
管理费用	借	770 000
财务费用	借	200 000
资产减值损失	借	100 000
营业外支出	借	250 000

要求：

(1)将各损益类科目年末余额结转入“本年利润”科目；

(2)经过上述结转后，计算税前会计利润。

(3)假设乙公司2×14年度不存在所得税纳税调整因素，计算所得税。

2. 甲企业2014年度利润总额为1 900万元，应纳税所得额为2 000万元。该企业适用的所得税税率为25%。甲企业递延所得税资产年初数为200万元，年末数为300万元；递延所得税负债年初数为100万元，年末数为300万元。(答案中的金额单位用万元表示)

(1)计算甲企业2014年度应交所得税额。

(2)计算甲企业2014年递延所得税费用。

(3)计算甲企业2014年度所得税费用。

(4)编制甲企业2014年有关所得税的会计分录。

(5)计算甲企业2014年度实现的净利润。

(6)编制甲企业年末结平“所得税费用”科目的会计分录。

第五篇　财务会计报告及其分析

第十章　财务会计报告
第十一章　财务报表分析

一、单项选择题

1. 下列各科目的期末余额，不应在资产负债表“存货”项目列示的是(　)。
A. 库存商品　B. 生产成本　C. 工程物资　D. 发出商品
2. 年度终了前，资产负债表中的“未分配利润”项目，应根据(　)填列。
A. “利润分配”科目余额　B. “本年利润”科目余额
C. “本年利润”和“利润分配”科目的余额　D. “应付股利”科目余额
3. 下列各项中，不影响工业企业营业利润的是(　)。
A. 主营业务成本　B. 其他业务成本　C. 劳务成本　D. 税金及附加
4. 下列各项中，不属于现金流量表中投资活动产生的现金流量的是(　)。
A. 支付给在建工程人员工资　B. 转让固定资产所有权收到的现金
C. 支付经营租赁费用所产生的现金流量　D. 收到分派的现金股利
5. 甲企业 2013 年 6 月 30 日“固定资产”科目余额为 5 000 万元，“累计折旧”科目余额为 2 000 万元，“固定资产减值准备”科目余额为 250 万元，“工程物资”科目余额为 500 万元，“固定资产清理”科目余额为 300 万元。该企业 2013 年 6 月 30 日资产负债表中“固定资产”项目的金额为(　)万元。
A. 3 000　B. 225　C. 2 750　D. 5 500
6. 下列资产负债表项目中，应根据多个总账科目余额计算填列的是(　)。
A. 应付账款　B. 盈余公积　C. 未分配利润　D. 长期借款
7. 下列各项中，会引起现金流量净额发生变动的是(　)。
A. 从银行提取现金　B. 生产领用原材料
C. 以银行存款偿还应付账款　D. 用设备抵偿债务
8. 企业期末结转前“本年利润”账户借方余额为 7 万元，“利润分配”和“应付股利”账户贷方余额分别为 18 万元和 12 万元，则当期资产负债表中“未分配利润”项目金额应为(　)万元。
A. 25　B. 19　C. 18　D. 11

9. 下列各项中，属于资产负债表中流动负债项目的是(　)。

A. 长期借款　B. 预付款项　C. 应付股利　D. 应付债券

10. 下列各项中，应在资产负债表中货币资金项目列示的是(　)。

A. 银行本票存款　B. 银行承兑汇票　C. 商业承兑汇票

D. 以公允价值计量且其变动计入当期损益的金融资产

11. 某企业 2011 年 7 月 1 日从银行借入期限为 4 年的长期借款 600 万元，2014 年 12 月 31 日编制资产负债表时，此项借款应填入的报表项目是(　)。

A. 短期借款　B. 长期借款

C. 其他长期负债　D. 一年内到期的非流动负债

12. 某企业“应收账款”科目月末借方余额 80 000 元，其中：“应收账款——甲公司”明细科目借方余额 100 000 元，“应收账款——乙公司”明细科目贷方余额 20 000 元；“预收账款”科目月末贷方余额 60 000 元，其中：“预收账款——A 工厂”明细科目贷方余额 100 000 元，“预收账款——B 工厂”明细科目借方余额 40 000 元；“预付账款”科目月末借方余额 30 000 元，其中：“预付账款——丙公司”明细科目借方余额 50 000 元，“预付账款——丁公司”明细科目贷方余额 20 000 元。“坏账准备”科目余额为 0。该企业月末资产负债表中“应收账款”项目的金额为(　)元。

A. 80 000　B. 180 000　C. 100 000　D. 140 000

13. 下列报表中，(　)能够反映企业一定时点所拥有的资产、需偿还的债务，以及投资者所拥有的净资产的情况。

A. 资产负债表　B. 利润表　C. 现金流量表　D. 所有者权益变动表

14. 企业 2012 年 10 月 31 日“生产成本”借方余额 50 000 元，“材料采购”借方余额 30 000 元，“材料成本差异”贷方余额 500 元，“委托代销商品”借方余额 40 000 元，“周转材料”借方余额 10 000 元，“存货跌价准备”贷方余额 3 000 元，则资产负债表“存货”项目的金额为(　)元。

A. 116 500　B. 117 500　C. 119 500　D. 126 500

15. 某企业年末“应收账款”科目的借方余额为 650 万元，其中，“应收账款”明细账的借方余额为 850 万元，贷方余额为 200 万元，年末计提坏账准备后的“坏账准备”科目的贷方余额为 65 万元。假定年末坏账准备均与应收账款相关，该企业年末资产负债表中“应收账款”项目的金额为(　)万元。

A. 585　B. 600　C. 785　D. 800

16. 下列项目中，应在所有者权益变动表中反映的是(　)。

A. 支付职工薪酬　B. 盈余公积转增股本

C. 赊购商品　D. 购买商品支付的现金

17. 下列各项中，关于财务报表附注的表述不正确的是(　)。

A. 附注中包括财务报表重要项目的说明

B. 对未能在财务报表列示的项目在附注中说明

C. 如果没有需要披露的重大事项，企业不必编制附注

D. 附注中包括会计政策和会计估计变更以及差错更正的说明

18. 下列各项中，应在资产负债表中作为非流动负债列示的是(　)。

A. 应付利息　　B. 应付股利　　C. 应付债券　　D. 其他应付款

19. 资产负债表中资产的排列依据是(　)。

A. 项目重要性　　B. 项目流动性　　C. 项目时间性　　D. 项目收益性

20. 某企业"应付账款"科目月末贷方余额40 000元，其中："应付账款——甲公司"明细科目贷方余额25 000元，"应付账款——乙公司"明细科目贷方余额25 000元，"应付账款——丙公司"明细科目借方余额10 000元；"预付账款"科目月末贷方余额20 000元，其中："预付账款——A工厂"明细科目贷方余额40 000元，"预付账款——B工厂"明细科目借方余额20 000元。该企业月末资产负债表中"预付款项"项目的金额为(　)元。

A. 20 000　　B. 30 000　　C. －30 000　　D. －10 000

二、多项选择题

1. 资产负债表中"存货"项目的金额，应根据(　)等账户的余额分析填列。

A. 在途物资　　B. 委托加工物资　　C. 包装物　　D. 委托代销商品

2. 下列各项中，影响工业企业营业利润的有(　)。

A. 资产减值损失　　B. 投资收益　　C. 税金及附加　　D. 所得税费用

3. 企业至少应当在所有者权益变动表上单独列示的项目有(　)。

A. 净利润　　B. 提取的盈余公积

C. 其他综合收益　　D. 向所有者分配利润

4. 编制多步式利润表的第一步和第三步是(　)。

A. 以营业收入为基础，计算营业利润　　B. 以营业收入为基础，计算利润总额

C. 以营业利润为基础，计算利润总额　　D. 以利润总额为基础，计算净利润

5. 下列各项中，属于现金流量表"经营活动产生的现金流量"的有(　)。

A. 收到现金股利产生的现金流入　　B. 支付生产工人工资产生的现金流出

C. 用银行存款偿还应付票据产生的现金流出　　D. 支付广告费所产生的现金流出

6. 下列会计科目中，期末余额影响"固定资产"项目列示金额的有(　)。

A. 在建工程　　B. 工程物资

C. 固定资产减值准备　　D. 累计折旧

7. 下列资产负债表项目中，根据总账余额直接填列的有(　)。

A. 短期借款　　B. 实收资本　　C. 应收票据　　D. 应收账款

8. 下列各项中，应根据有关科目余额减去其备抵科目余额后的净额填列的有(　)。

A. 无形资产　　B. 以公允价值计量且其变动计入当期损益的金融资产

C. 其他应收款　　D. 工程物资

9. 下列关于我国企业资产负债表的表述正确的有(　)。

A. 资产项目按照重要性排列　　B. 资产项目按照流动性大小排列

C. 负债项目按照清偿时间的先后顺序排列

D. 资产负债表的编制依据是"资产＝负债＋所有者权益"

10. 下列各项中，应列入利润表"营业成本"项目的有(　)。

A. 主营业务成本 B. 其他业务成本 C. 税金及附加 D. 销售费用

11. 企业产生的现金流量可以分为( )。

A. 投资活动产生的现金流量 B. 借款活动产生的现金流量

C. 筹资活动产生的现金流量 D. 经营活动产生的现金流量

12. 下列各项中，属于影响现金流量表中现金流量的有( )。

A. 应收票据 B. 银行本票存款 C. 库存现金 D. 现金等价物

13. A 企业 2013 年年初未分配利润为借方余额 50 万元(该未弥补亏损已经超过 5 年)，本年度实现净利润 200 万元，分别按 10% 和 5% 提取法定盈余公积和任意盈余公积。假定不考虑其他因素，A 企业 2013 年年末未分配利润的贷方余额不应为( )万元。

A. 127.5 B. 212.5 C. 220 D. 250

14. 在填列资产负债表“一年内到期的非流动负债”项目时，涉及的科目有( )。

A. 应付债券 B. 长期借款 C. 长期应付款 D. 应付利息

15. 资产负债表中的“应收账款”项目应根据( )分析计算填列。

A. “应收账款”所属明细账借方余额合计

B. “预收账款”所属明细账借方余额合计

C. 按应收账款余额一定比例计提的“坏账准备”科目的贷方余额

D. “应收账款”总账科目借方余额

16. 下列各项中，应在资产负债表“应付账款”项目列示的有( )。

A. “预收账款”科目所属明细科目的贷方余额

B. “预付账款”科目所属明细科目的贷方余额

C. “应付账款”科目所属明细科目的贷方余额

D. “应付账款”科目所属明细科目的借方余额

17. 下列各项中，在资产负债表中“非流动资产”项目下列示的有( )。

A. 其他应收款 B. 工程物资 C. 开发支出 D. 商誉

18. 下列各项中，可以通过资产负债表反映的有( )。

A. 某一时点的财务状况 B. 某一时点的偿债能力

C. 某一期间的经营成果 D. 某一期间的获利能力

19. 下列各项中，应在资产负债表“存货”项目列示的有( )。

A. “生产成本”科目的借方余额

B. “劳务成本”科目的借方余额

C. “委托加工物资”科目的借方余额

D. “存货跌价准备”科目所属明细科目的贷方余额

20. 编制现金流量表时可以采用的方法有( )。

A. 间接法 B. 工作底稿法 C. T 形账户法 D. 直接填列法

21. 下列各项中，属于现金流量表“筹资活动产生的现金流量”的有( )。

A. 支付的现金股利 B. 取得短期借款

C. 增发股票收到的现金 D. 偿还公司债券支付的现金

三、判断题

1. 利润表中“税金及附加”项目包括增值税和印花税。 ( )

2. 所有者权益变动表能够反映所有者权益各组成部分累计增减变动情况，有助于报表使用者理解所有者权益增减变动的原因。 ( )

3. 通过利润表，可以考核企业一定会计期间的经营成果，分析企业的盈利能力及未来发展趋势。 ( )

4. “长期股权投资”项目应根据“长期股权投资”科目的期末余额填列。 ( )

5. 企业对报表重要项目的说明，可以按任意顺序，采用文字和数字描述相结合的方式进行披露，报表重要项目的明细金额合计，应当与报表项目金额相衔接。 ( )

6. 财务报告附注是对在资产负债表、利润表、现金流量表和所有者权益变动表等报表中列示项目的文字描述或明细资料，以及对未能在这些报表中列示项目的说明等。 ( )

7. 企业发行股票、债券等方式筹集资金实际收到的现金净额，属于筹资活动产生的现金流量。 ( )

8. 企业持有的将于 3 个月内到期的权益性投资，属于现金等价物。 ( )

9. 如果不存在纳税调整事项和递延所得税，利润表中的“所得税费用”项目金额可以直接根据“利润总额”项目金额乘以所得税税率计算得到。 ( )

10. 资产负债表中的“长期待摊费用”项目应根据“长期待摊费用”科目的期末余额直接填列。 ( )

11. 企业必须对外提供资产负债表、利润表和现金流量表，但会计报表附注不属于企业必须对外提供的资料。 ( )

12. 企业发生的财务费用，在编制现金流量表时，均应作为筹资活动项目反映。 ( )

13. 所有者权益变动表中“综合收益总额”项目，反映净利润与其他综合收益扣除所得税影响后的净额相加后的合计金额。 ( )

四、业务处理题

1. 甲公司 2014 年 12 月 31 日结账后有关科目余额如下表所示(单位：万元)：

科目名称	借方余额	贷方余额
应收账款	500	
坏账准备——应收账款		50
预收账款	100	200
应付账款		300
预付账款	200	60

根据上述资料，计算资产负债表中下列项目的金额：

(1)应收账款；

(2)预付款项；

(3)应付账款；

(4)预收款项。

2. ABC公司2016年12月31日的科目余额如下表所示(单位：元)：

科目名称	借方余额	贷方余额	科目名称	借方余额	贷方余额
库存现金	2 000		短期借款		50 000
银行存款	811 445		应付票据		100 000
其他货币资金	7 300		应付账款		953 800
应收票据	46 000		其他应付款		50 000
应收账款	600 000		应付职工薪酬		180 000
其他应收款	5 000		应付股利		32 215
坏账准备		1 800	应交税费		211 944
预付账款	100 000		长期借款		1 160 000
材料采购	275 000		股本		5 000 000
原材料	45 000		盈余公积		135 686
材料成本差异	4 250		未分配利润		220 000
库存商品	2 212 400				
生产成本	38 050				
长期股权投资	250 000				
固定资产	2 401 000				
累计折旧		170 000			
在建工程	728 000				
无形资产	540 000				
长期待摊费用	200 000				
合计	8 265 445	171 800	合计		8 093 645

明细资料如下：

(1)“应收账款”科目所属明细科目有借方余额656 000元，有贷方余额56 000元；

(2)“应付账款”科目所属明细科目全部为贷方余额，“预付账款”科目所属明细科目全部为借方余额；

(3)“坏账准备”科目余额全部是有关应收账款坏账准备的余额；

(4)“长期待摊费用”科目的余额中，有57 000元将于一年内摊销；

(5)“长期借款”科目的余额中，有100 000元将于一年内到期。

要求：根据上述资料编制ABC公司2016年12月31日的资产负债表的期末余额栏。

资产	行次	期末余额	负债和所有者权益	行次	期末余额
流动资产：			流动负债：		
货币资金			短期借款	51	
交易性金融资产	3		交易性金融负债	53	
应收票据	4		应付票据	54	
应收账款	5		应付账款	55	
预付账款	6		预收账款	56	
应付职工薪酬	57				
应交税费	58				
应收利息	9		应付利息	59	
应收股利	10		应付股利	60	
其他应收款	15		其他应付款	63	
存货	20				
一年内到期的非流动资产	23		一年内到期的非流动负债	67	
其他流动资产	24		其他流动负债	68	
流动资产合计	25		流动负债合计	69	
非流动资产：			非流动负债：		
可供出售金融资产	26		长期借款	70	
持有至到期投资	27		应付债券	71	
长期应收款	28		长期应付款	72	
长期股权投资	29		专项应付款	73	
投资性房地产	30		预计负债	74	
固定资产	31		递延所得税负债	75	
在建工程	32		其他非流动负债	77	
工程物资	33		非流动负债合计	78	
固定资产清理	34		负债合计	79	
生物性生物资产	40				
油气资产	41		所有者权益：		
无形资产	42		实收资本(或股本)	81	
开发支出	43		资本公积	82	
商誉	44		减：库存股	83	
长期待摊费用	45		盈余公积	84	
递延所得税资产	46		未分配利润	85	
其他非流动资产	47		所有者权益合计	89	
非流动资产合计	48				
资产总计	50		负债和所有者权益总计	90	

3. 下面是 ABC 公司 2016 年度的资料。

会计科目	借方发生额	贷方发生额
主营业务收入		1 250 000
其他业务收入		55 000
投资收益		35 000
营业外收入		50 000
主营业务成本	760 000	
税金及附加	5 000	
其他业务成本	45 000	
销售费用	20 000	
管理费用	150 000	
财务费用	41 000	
营业外支出	19 000	
所得税费用	115 500	
合计	1 040 000	1 390 000

要求：根据上述资料编制 ABC 公司 2016 年度利润表的本期金额栏。

项　目	行次	本期金额
一、营业收入	1	
减：营业成本	2	
税金及附加	3	
销售费用	4	
管理费用	5	
财务费用	6	
资产减值损失	7	
加：公允价值变动收益(损失以“-”号填列)	11	
投资收益(损失以“-”号填列)	12	
其中：对联营企业和合营企业的投资收益	13	
二、营业利润(亏损以“-”号填列)	19	
加：营业外收入	20	
减：营业外支出	23	
其中：非流动资产处置损失	24	
三、利润总额(亏损总额以“-”号填列)	29	
减：所得税费用	30	
四、净利润(净亏损以“-”号填列)	33	
五、每股收益		
(一)基本每股收益	34	
(二)稀释每股收益	35	

4. 甲公司是一个材料供应商，拟与乙公司建立长期合作关系，为了确定对乙公司采用何种信用政策，需要分析乙公司的偿债能力和营运能力。为此，甲公司收集了乙公司2013年度的财务报表。相关的财务报表数据以及财务报表附注中披露的信息如下：

(1)资产负债表项目(单位：万元)

项　目	年末金额	年初金额
流动资产合计	4 600	4 330
其中：货币资金	100	100
交易性金融资产	500	460
应收账款	2 850	2 660
预付账款	150	130
存货	1 000	980
流动负债合计	2 350	2 250

(2)利润表项目(单位：万元)

项目	本年金额	上年金额(略)
营业收入	14 500	
财务费用	500	
资产减值损失	10	
所得税费用	32.50	
净利润	97.50	

(3)乙公司的生产经营存在季节性，每年3月份至10月份是经营旺季，11月份至次年2月份是经营淡季。

(4)乙公司按照应收账款余额的5%计提坏账准备，2013年年初坏账准备余额为140万元，2013年年末坏账准备余额为150万元。最近几年乙公司的应收账款回收情况不好，截至2013年年末账龄三年以上的应收账款已达到应收账款余额的10%。为了控制应收账款的增长，乙公司在2013年收紧了信用政策，降低了赊销客户的比例。

(5)乙公司2013年资本化利息支出100万元，计入在建工程。

(6)计算财务比率时，涉及的资产负债表数据均使用其年初和年末的平均数。

要求：

(1)计算乙公司2013年的速动比率。评价乙公司的短期偿债能力时，需要考虑哪些因素？具体分析这些因素对乙公司短期偿债能力的影响。

(2)计算乙公司2013年的应收账款周转次数。评价乙公司的应收账款变现速度时，需要考虑哪些因素？具体分析这些因素对乙公司应收账款变现速度的影响。

参考答案

第一篇 会计基本理论与方法

第一章 总 论

一、单项选择题

1. D 2. B 3. A 4. D 5. A 6. A 7. D 8. D 9. D

二、多项选择题

1. AC 2. ABC 3. ABCD 4. ABD 5. CD 6. BC 7. AB 8. ABCD 9. BC 10. BC

三、判断题

1. × 2. × 3. × 4. √ 5. √

第二章 会计核算方法

一、单项选择题

1. D 2. C 3. C 4. D 5. D 6. C 7. A 8. C 9. A 10. A

11. D 12. B 13. C 14. D 15. C 16. A 17. A 18. D 19. C 20. B

21. D 22. D 23. D 24. D 25. B 26. D 27. A 28. D

二、多项选择题

1. AD 2. AC 3. CD 4. AB 5. AD 6. AD 7. BC 8. ABD 9. ABCD 10. ABCD

11. ABD 12. ABCD 13. BCD 14. AB 15. ABD 16. ABC 17. AD 18. BD

19. BCD 20. AB 21. BD 22. BC 23. BCD 24. AC 25. CD 26. AC 27. ABD

28. ABD 29. AB 30. AD

三、判断题

1. × 2. √ 3. √ 4. √ 5. √ 6. √ 7. × 8. × 9. × 10. ×

11. × 12. × 13. × 14. × 15. √ 16. × 17. × 18. × 19. × 20. ×

四、业务处理题

1.

(1)银行存款的借方发生额 = 30 000 + 5 000 = 35 000(元)

(2)银行存款的贷方发生额 = 23 000 + 40 000 + 10 000 = 73 000(元)

(3)银行存款的月末余额 = 68 000 + 35 000 − 73 000 = 30 000(元)

(4)应付账款的借方发生额 = 23 000(元)

(5)应付账款的月末余额 = 29 000 − 23 000 + 1 000 = 7 000(元)

2.

固定资产的入账价值 = 10 000 + 500 + 300 = 10 800(元)

	借方	贷方
借：固定资产	10 800	
应交税费——应交增值税(进项税额)	1 755	
贷：银行存款		12 555

3.

	借方	贷方
(1)借：原材料	300 000	
应交税费——应交增值税(进项税额)	51 000	
贷：银行存款		351 000
(2)借：应收账款	46 800	
贷：主营业务收入		40 000
应交税费——应交增值税(销项税额)		6 800
(3)借：主营业务成本	32 000	
贷：库存商品		32 000
(4)借：银行存款	30 420	
贷：其他业务收入		26 000
应交税费——应交增值税(销项税额)		4 420
(5)借：其他业务成本	18 000	
贷：原材料		18 000
(6)借：长期股权投资(900 000 × 25%)	225 000	
贷：投资收益		225 000

4.

	借方	贷方
(1)借：固定资产	3 000	
贷：银行存款		3 000
(2)借：制造费用	900	
贷：库存现金		900
(3)借：管理费用	−30 000	
贷：银行存款		−30 000
借：固定资产	3 000	
贷：银行存款		3 000
(4)借：制造费用	810	
贷：库存现金		810

第二篇 资金来源

第三章 所有者权益核算

一、单项选择题

1. D 2. A 3. A 4. D 5. C 6. D 7. C 8. A 9. A 10. C
11. D 12. B 13. B 14. C 15. D

二、多项选择题

1. ACD 2. AC 3. AB 4. ABCD 5. BCD 6. CD 7. AB 8. CD 9. BC 10. ABCD

三、判断题

1. √ 2. × 3. × 4. √ 5. √ 6. √ 7. × 8. × 9. × 10. √

四、业务处理题

1.

(1)回购本公司股票(单位:万元):

借:库存股 2 000
  贷:银行存款 2 000

注销时:

借:股本 1 000
  资本公积——股本溢价 1 000
  贷:库存股 2 000

(2)2013 年度甲公司实现营业利润 = 8 100 − 4 500 − 500 − 400 − 400 − 350 − 250
= 1 700(万元)

(3)甲公司实现当年净利润 = (1 700 + 150 − 50) × (1 − 25%) = 1 350(万元)

甲公司提取法定盈余公积 = 1 350 × 10% = 135(万元)

借:利润分配——提取法定盈余公积 135
  贷:盈余公积 135

借:利润分配——未分配利润 135
  贷:利润分配——提取法定盈余公积 135

(4)甲公司分配现金股利后未分配利润 = 300 + 1 350 − 135 − 350 = 1 165(万元)

2013 年 12 月 31 日甲公司所有者权益总额 = 11 100 − 2 000 + 1 350 − 350
= 10 100(万元)

2.

(1)借:银行存款 390 000
  贷:实收资本——C(900 000 × 1/3) 300 000
    资本公积——资本溢价 90 000

借:原材料 105 000
  应交税费——应交增值税(进项税额) 17 850

贷：实收资本——A 100 000

资本公积——资本溢价 22 850

借：无形资产 125 000

贷：实收资本——B 100 000

资本公积——资本溢价 25 000

(2)借：银行存款 390 000

贷：实收资本——C 300 000

资本公积——资本溢价 90 000

第四章 负债核算

一、单项选择题

1. C 2. D 3. C 4. A 5. C 6. D 7. B 8. B 9. C 10. C 11. D 12. B 13. D

二、多项选择题

1. BD 2. ABD 3. AB 4. ACD 5. ABD 6. AC 7. AD 8. ACD

三、判断题

1. × 2. √ 3. √ 4. √ 5. ×6. √ 7. × 8. √ 9. √ 10. ×

四、业务处理题

1.

(1)1 月 1 日借入短期借款：

借：银行存款 120 000

贷：短期借款 120 000

(2)1 月末，计提 1 月份应计利息：

借：财务费用 400

贷：应付利息 400

本月应计提的利息 = 120 000 × 4% / 12 = 400(元)

2 月末计提 2 月份利息费用的处理与 1 月份相同。

(3)3 月末支付第一季度银行借款利息：

借：财务费用 400

贷：银行存款 400

借：应付利息 800

贷：银行存款 800

或

借：财务费用 400

应付利息 800

贷：银行存款 1 200

第二、三季度的会计处理同上。

(4)10 月 1 日偿还银行借款本金：

借：短期借款 120 000

贷：银行存款 120 000

2.

(1)开出并承兑商业汇票购入材料：

借：材料采购 60 000
  应交税费——应交增值税（进项税额） 10 200
  贷：应付票据 70 200

(2)支付商业汇票承兑手续费：

借：财务费用 35.10
  贷：银行存款 35.10

(3)支付商业汇票款：

借：应付票据 70 200
  贷：银行存款 70 200

3.

第一步，确认收入：

借：应付职工薪酬——非货币性福利 234 000
  贷：主营业务收入 200 000
    应交税费——应交增值税（销项税额） 34 000

第二步，结转产品成本：

借：主营业务成本 180 000
  贷：库存商品——电暖器 180 000

第三步，确认应付职工薪酬：

借：生产成本 198 900
  管理费用 35 100
  贷：应付职工薪酬——非货币性福利 234 000

应确认的应付职工薪酬 = 200 × 1 000 × 17% + 200 × 1 000 = 234 000（元）

应记入"生产成本"科目的金额 = 170 × 1 000 × 17% + 170 × 1 000 = 198 900（元）

应记入"管理费用"科目的金额 = 30 × 1 000 × 17% + 30 × 1 000 = 35 100（元）

4.

(1)购入原材料：

借：原材料 35 100
  贷：银行存款 35 100

(2)销售产品：

不含税销售额 = 含税销售额/(1 + 征收率) = 51 500/(1 + 3%) = 50 000（元）

应纳增值税 = 不含税销售额 × 征收率 = 50 000 × 3% = 1 500（元）

借：银行存款 51 500
  贷：主营业务收入 50 000
    应交税费——应交增值税 1 500

(3)交纳增值税：

借：应交税费——应交增值税 1 500
  贷：银行存款 1 500

5.

(1)借：生产成本 200
　　制造费用 30
　　管理费用 50
　　销售费用 40
　　在建工程 60
　　贷：应付职工薪酬——工资 380

(2)借：生产成本(200 ×0.1 ×1.17) 23.4
　　制造费用(15 ×0.1 ×1.17) 1.755
　　管理费用(20 ×0.1 ×1.17) 2.34
　　销售费用(15 ×0.1 ×1.17) 1.755
　　在建工程(60 ×0.1 ×1.17) 7.02
　　贷：应付职工薪酬——非货币性福利(310 ×0.1 ×1.17) 36.27

借：应付职工薪酬——非货币性福利 36.27
　　贷：主营业务收入 31
　　　　应交税费——应交增值税(销项税额) 5.27

借：主营业务成本(310 ×0.08) 24.8
　　贷：库存商品 24.8

(3)借：管理费用 4
　　贷：应付职工薪酬——非货币性福利 4

借：应付职工薪酬——非货币性福利 4
　　贷：累计折旧 4

借：管理费用 6
　　贷：应付职工薪酬——非货币性福利 6

(4)借：应付职工薪酬——非货币性福利 6
　　贷：银行存款 6

(5) 借：应付职工薪酬——工资 380
　　贷：银行存款 348
　　　　其他应收款 2
　　　　其他应付款 10
　　　　应交税费——应交个人所得税 20

(6)借：应交税费——应交个人所得税 20
　　贷：银行存款 20

(7)借：应付职工薪酬——职工福利 5.85
　　贷：原材料 5
　　　　应交税费——应交增值税(进项税额转出) 0.85

第三篇 资金占用

第五章 流动资产核算

一、单项选择题

1. C 2. B 3. A 4. D 5. D 6. B 7. A 8. C 9. A 10. C

11. A 12. C 13. A 14. A 15. B 16. B 17. D 18. C 19. D 20. B

21. A 22. A 23. A 24. D

二、多项选择题

1. ABCD 2. BCD 3. ABC 4. ABCD 5. AC 6. AB 7. ACD 8. ABC 9. ABCD

10. ABCD

三、判断题

1. × 2. √ 3. × 4. × 5. ×6. √ 7. × 8. × 9. × 10. √

四、业务处理题

1.

(1)

①借：银行存款 480

　　贷：营业外收入 480

②借：管理费用 360

　　贷：银行存款 360

(2)银行存款余额调节表

2016 年 12 月 31 日　　单位：万元

项　目	金额	项　目	金额
企业银行存款日记账余额	432	银行对账单余额	664
加：银行已收，企业未收款	384	加：企业已收，银行未收款	480
减：银行已付，企业未付款	32	减：企业已付，银行未付款	360
调节后的存款余额	784	调节后的存款余额	784

2.

(1)借：应收账款 1 755 000

　　贷：主营业务收入 1 500 000

　　　　应交税费——应交增值税(销项税额) 255 000

(2)借：应收票据 1 755 000

　　贷：应收账款 1 755 000

(3)借：银行存款 1 755 000

贷：应收票据 1 755 000

3.

(1)2014 年 1 月 1 日，购入 B 公司的公司债券时：

借：交易性金融资产——成本 25 500 000

应收利息 500 000

投资收益 300 000

贷：其他货币资金——存出投资款 26 300 000

(2)2014 年 1 月 8 日，收到购买价款中包含的已宣告发放的债券利息时：

借：其他货币资金——存出投资款 500 000

贷：应收利息 500 000

(3)2014 年 12 月 31 日，确认 B 公司的公司债券利息收入时：

借：应收利息 1 000 000

贷：投资收益 1 000 000

(4)2015 年初，收到持有 B 公司的公司债券利息时：

借：其他货币资金——存出投资款 1 000 000

贷：应收利息 1 000 000

(5)2014 年 6 月 30 日，确认该笔债券的公允价值变动损益时：

借：交易性金融资产——公允价值变动 2 300 000

贷：公允价值变动损益 2 300 000

(6)2014 年 12 月 31 日，确认该笔债券的公允价值变动损益时：

借：公允价值变动损益 2 200 000

贷：交易性金融资产——公允价值变动 2 200 000

4.

(1)先进先出法：

甲材料 5 日发出的成本 $=80\times1\ 000=80\ 000$(元)

甲材料 25 日发出的成本 $=10\times980+20\times1\ 100=31\ 800$(元)

期末结存的成本 $=60\times1\ 100=66\ 000$(元)

(2)加权平均法：

甲材料的加权平均单价 $=(100\times1\ 000+50\times1\ 050+70\times980+80\times1\ 100)/(100+50+70+80)=1\ 030.33$(元/公斤)

月末结存材料的实际成本 $=(100+50+70+80-80-130-30)\times1\ 030.33=61\ 819.8$(元)

当月发出材料的实际成本 $=(100\times1\ 000+50\times1\ 050+70\times980+80\times1\ 100)-61\ 819.8=247\ 280.2$(元)

第六章 非流动资产核算

一、单项选择题

1. D 2. D 3. D 4. C 5. C 6. B 7. C 8. D 9. C 10. C

11. B 12. C 13. B 14. C 15. A 16. A 17. D 18. D 19. D 20. B

21. B 22. A 23. C 24. B 25. B 26. D 27. C 28. C 29. C 30. C

二、多项选择题

1. AD 2. ABCD 3. AC 4. ABC 5. AB 6. BD 7. ABCD 8. BCD 9. AB 10. ABCD
11. BD 12. ABCD 13. BCD 14. BCD 15. ABC

三、判断题

1. × 2. × 3. × 4. √ 5. × 6. √ 7. √ 8. √ 9. × 10. ×
11. × 12. √ 13. × 14. × 15. √

四、业务处理题

1.

(1)计算投资收益:

股票转让取得价款	149 000
减:投资账面余额	(140 000)
	9 000

(2)编制出售股票时的会计分录:

借:其他货币资金	149 000	
贷:长期股权投资		140 000
投资收益		9 000

2.

(1)2014 年 1 月 1 日,购入 B 公司的公司债券时:

借:可供出售金融资产——B 公司债券——成本	25 000 000	
——B 公司债券——利息调整	800 000	
应收利息——B 公司	500 000	
贷:其他货币资金——存出投资款		26 300 000

(2)2014 年 1 月 8 日,收到购买价款中包含的已到付息期但尚未领取债券利息时:

借:其他货币资金——存出投资款	500 000	
贷:应收利息——B 公司		500 000

(3)2014 年 12 月 31 日,对 B 公司的公司债券确认利息收入时:

借:应收利息——B 公司	1 000 000	
贷:投资收益		1 000 000

(4)2015 年初,收到持有 B 公司的公司债券利息时:

借:其他货币资金——存出投资款	1 000 000	
贷:应收利息——B 公司		1 000 000

3.

(1)借:可供出售金融资产——成本	960	
贷:其他货币资金——存出投资款		960
(2)借:应收股利	20	
贷:投资收益		20
(3)借:可供出售金融资产——公允价值变动	120	
贷:其他综合收益		120

(4)借：资产减值损失 360
其他综合收益 120
贷：可供出售金融资产——减值准备 480
(5)借：可供出售金融资产——减值准备 120
贷：其他综合收益 120
(6)借：其他货币资金——存出投资款 960
可供出售金融资产——减值准备 360
贷：可供出售金融资产——成本 960
——公允价值变动 120
投资收益 240
借：其他综合收益 120
贷：投资收益 120

4.

(1)购入设备的成本 = 117 000 + 2 000 + 1 000 = 120 000(元)
借：固定资产 120 000
应交税费——应交增值税(进项税额) 19 890
贷：银行存款 139 890
(2)双倍余额递减法年折旧率 = 2/5 × 100% = 40%
①2010 年应计提折旧额 = 120 000 × 40% = 48 000(元)
②2011 年应计提折旧额 = (120 000 - 48 000) × 40% = 28 800(元)
③2012 年应计提折旧额 = (120 000 - 48 000 - 28 800) × 40% = 17 280(元)
④2013 年应计提折旧额 = (120 000 - 48 000 - 28 800 - 17 280 - 5 000)/2 = 10 460(元)
(3)2010 年年末计提折旧时的会计分录：
借：制造费用 48 000
贷：累计折旧 48 000

5.

(1)借：固定资产 55 450 000
应交税费——应交增值税(进项税额) 935 000
贷：银行存款 64 800 000
(2)累计折旧 = 648 × 2/10/12 = 10.8(万元)
借：管理费用 108 000
贷：累计折旧 108 000
(3)借：在建工程 7 100 000
贷：银行存款 7 100 000
(4)借：在建工程 30 000
贷：银行存款 30 000
借：固定资产 7 130 000
贷：在建工程 7 130 000
(5)累计折旧 = (713 - 35.65)/5 × 720/10 000 = 9.75(万元)

借：制造费用　97 500
　　贷：累计折旧　97 500

6.

(1)2015 年应计提的坏账准备 =1 100 000 ×5‰ =5 500(元)

借：资产减值损失　5 500
　　贷：坏账准备　5 500

(2) 2016 年 8 月发生坏账

借：坏账准备　9 000
　　贷：应收账款　9 000

(3)2016 年 10 月坏账收回

借：应收账款　4 000
　　贷：坏账准备　4 000

借：银行存款　4 000
　　贷：应收账款　4 000

(4) 2016 年应计提的坏账准备 =1 000 000 ×5‰ =5 000(元)

坏账准备账户贷方余额 =5 500 -9 000 +4 000 =500(元)

需补提坏账准备 =5 000 -500 =4 500(元)

借：资产减值损失　4 500
　　贷：坏账准备　4 500

第四篇　资金运动

第七章　成本费用核算

一、单项选择题

1. C　2. C　3. C　4. B　5. C　6. C　7. A　8. B　9. B　10. C　11. C　12. D

二、多项选择题

1. AB　2. BCD　3. AB　4. ABD　5. ACD　6. ACD　7. ABD　8. ABC　9. ABC

三、判断题

1. ×　2. ×　3. ×　4. √　5. √　6. ×　7. √　8. ×　9. ×

四、业务处理题

1.

(1)2×14 年6月2日销售收入实现时:

借: 应收账款　　35 100

　　贷: 主营业务收入　　30 000

　　　　应交税费——应交增值税(销项税额)　　5 100

借: 主营业务成本　　20 000

　　贷: 库存商品　　20 000

(2)发生销售折让时:

折让的收入金额: 30 000×10% =3 000(元)

折让的增值税税额: 3 000×17% =510(元)

合计冲减应收账款金额: 3 000 +510 =3 510(元)

借: 主营业务收入　　3 000

　　应交税费——应交增值税(销项税额)　　510

　　贷: 应收账款　　3 510

(3)2×14 年收到款项时:

收到金额: 35 100 -3 510 =31 590(元)

借: 银行存款　　31 590

　　贷: 应收账款　　31 590

2.

(1)出售包装物时:

借: 银行存款　　117 000

　　贷: 其他业务收入　　100 000

　　　　应交税费——应交增值税(销项税额)　　17 000

(2)结转出售包装物成本:

借: 其他业务成本　　40 000

　　贷: 周转材料——包装物　　40 000

(3)期末结转收入成本到本年利润：

借：其他业务收入 100 000

贷：本年利润 100 000

借：本年利润 40 000

贷：其他业务成本 40 000

第八章 收入核算

一、单项选择题

1.D 2.A 3.C 4.C 5.C 6.B 7.B 8.B 9.C 10.C 11.A 12.C 13.C

二、多项选择题

1.BC 2.BCD 3.ABD 4.AD 5.BD 6.CD 7.ABC 8.ABC 9.ACD 10.ABC 11.ABD

三、判断题

1.× 2.√ 3.× 4.√ 5.× 6.√ 7.√ 8.√ 9.√ 10.×

四、业务处理题

1.

(1)借：应收票据 468 000

应收账款 2 000

贷：主营业务收入 400 000

应交税费——应交增值税(销项税额) 68 000

银行存款 2 000

(2)借：主营业务成本 320 000

贷：库存商品 320 000

2.

(1)3月1日销售实现时：

借：应收账款 210 600

贷：主营业务收入(20×10 000×90%) 180 000

应交税费——应交增值税(销项税额) 30 600

借：主营业务成本(12×10 000) 120 000

贷：库存商品 120 000

(2)3月9日收到货款时：

借：银行存款 206 388

财务费用[(180 000+30 600)×2%] 4 212

贷：应收账款 210 600

(3)若购货方于3月19日付款：

借：银行存款 208 494

财务费用[(180 000+30 600)×1%] 2 106

贷：应收账款 210 600

(4)若购货方于3月底才付款：

借：银行存款　　210 600
　　贷：应收账款　　210 600

3.

(1)借：银行存款　　702
　　贷：主营业务收入　　600
　　　　应交税费——应交增值税(销项税额)　　102
借：主营业务成本　　535
　　存货跌价准备　　5
　　贷：库存商品　　540

(2)借：主营业务收入　　200
　　应交税费——应交增值税(销项税额)　　34
　　贷：银行存款　　234
借：库存商品　　120
　　贷：主营业务成本　　120

(3)借：劳务成本　　50
　　贷：应付职工薪酬　　50
完工程度 =50/(50 +150) =25%
借：应收账款　　100
　　贷：主营业务收入　　100
借：主营业务成本　　50
　　贷：劳务成本　　50

(4)借：生产成本　　93.6
　　贷：应付职工薪酬　　93.6
借：应付职工薪酬　　93.6
　　贷：主营业务收入　　80
　　　　应交税费——应交增值税(销项税额)　　13.6
借：主营业务成本　　50
　　贷：库存商品　　50

第九章　利润核算

一、单项选择题

1.B　2.C　3.B　4.C　5.D　6.B　7.C　8.B　9.D　10.D　11.C　12.B　13.D　14.C

二、多项选择题

1.BD　2.CD　3.ACD　4.AB　5.AB　6.ABC　7.BC　8.ABC　9.BCD　10.ABD

三、判断题

1.×　2.×　3.×　4.×　5.√　6.×　7.×　8.√　9.√　10.√　11.×

四、业务处理题

1.

(1)将各损益类科目年末余额结转入“本年利润”科目：

①结转各项收入、利得类科目：

借：主营业务收入　　6 000 000
　　其他业务收入　　700 000
　　公允价值变动损益　　150 000
　　投资收益　　600 000
　　营业外收入　　50 000
　　贷：本年利润　　7 500 000

②结转各项费用、损失类科目：

借：本年利润　　6 300 000
　　贷：主营业务成本　　4 000 000
　　　　其他业务成本　　400 000
　　　　税金及附加　　80 000
　　　　销售费用　　500 000
　　　　管理费用　　770 000
　　　　财务费用　　200 000
　　　　资产减值损失　　100 000
　　　　营业外支出　　250 000

(2)经过上述结转后，“本年利润”科目的贷方发生额合计 7 500 000 元，减去借方发生额合计 6 300 000 元，即为税前会计利润 1 200 000 元。

(3)应交所得税 = 1 200 000 × 25% = 300 000(元)

①确认所得税费用：

借：所得税费用　　300 000
　　贷：应交税费——应交所得税　　300 000

②将所得税费用结转入“本年利润”科目：

借：本年利润　　300 000
　　贷：所得税费用　　300 000

2.

(1)甲企业 2014 年度应交所得税额 = 2 000 × 25% = 500(万元)

(2)甲企业 2014 年递延所得税费用 = 递延所得税负债 - 递延所得税资产 = (300 - 100) - (300 - 200) = 100(万元)

(3)甲企业 2014 年度所得税费用 = 500 + 100 = 600(万元)

(4)借：所得税费用　　600
　　　　递延所得税资产　　100
　　　　贷：应交税费——应交所得税　　500
　　　　　　递延所得税负债　　200

(5)甲企业 2014 年度实现的净利润 = 利润总额 - 所得税费用 = 1 900 - 600 = 1 300(万元)

(6)借：本年利润　　600
　　　　贷：所得税费用　　600

第五篇　财务会计报告及其分析

第十章　财务会计报告　第十一章　财务报表分析

一、单项选择题

1. C　2. C　3. C　4. C　5. C　6. C　7. C　8. D　9. C　10. A

11. D　12. D　13. A　14. D　15. C　16. B　17. C　18. C　19. B　20. B

二、多项选择题

1. ABCD　2. ABC　3. BD　4. AD　5. BCD　6. CD　7. AB　8. AC　9. BCD　10. AB

11. ACD　12. BCD　13. BCD　14. ABC　15. ABC　16. BC　17. BCD　18. AB

19. ABCD　20. ABC　21. ABCD

三、判断题

1. ×　2. ×　3. √　4. ×　5. ×　6. √　7. √　8. ×　9. √　10. ×　11. ×　12. ×

13. √

四、业务处理题

1.

(1)"应收账款"项目金额 ="应收账款"明细科目期末借方余额 +"预收账款"明细科目期末借方余额 -"坏账准备"明细科目期末贷方余额 =500 +100 -50 =550(万元);

(2)"预付款项"项目金额 ="预付账款"明细科目期末借方余额 +"应付账款"明细科目期末借方余额(如有坏账准备要减去相应的坏账准备) =200 +0 -0 =200(万元);

(3)"应付账款"项目金额 ="应付账款"明细科目期末贷方余额 +"预付账款"明细科目期末贷方余额 =300 +60 =360(万元);

(4)"预收款项"项目金额 ="预收账款"明细科目期末贷方余额 +"应收账款"明细科目期末贷方余额 =200 +0 =200(万元)。

2.

资　产	行次	期末余额	权　益	行次	期末余额
流动资产:			流动负债:		
货币资金		820 745	短期借款		50 000
交易性金融资产			交易性金融负债		
应收票据		46 000	应付票据		100 000
应收账款		654 200	应付账款		953 800
预付账款		100 000	预收账款		56 000
			应付职工薪酬		180 000
			应交税费		211 944

续表

资　产	行次	期末余额	权　益	行次	期末余额
应收利息			应付利息		
应收股利			应付股利		32 215
其他应收款		5 000	其他应付款		50 000
存货		2 574 700			
待摊费用		57 000	预提费用		
一年内到期的非流动资产			一年内到期的非流动负债		100 000
其他流动资产			其他流动负债		
流动资产合计		4 257 645	流动负债合计		1 733 959
非流动资产：			非流动负债：		
可供出售金融资产			长期借款		1 060 000
持有至到期投资			应付债券		
长期应收款			长期应付款		
长期股权投资		250 000	专项应付款		
投资性房地产			预计负债		
固定资产		2 231 000	递延所得税负债		
在建工程		728 000	其他非流动负债		
工程物资			非流动负债合计		1 060 000
固定资产清理			负债合计		2 793 959
生物性生物资产					
油气资产			所有者权益：		
无形资产		540 000	实收资本(或股本)		5 000 000
开发支出			资本公积		
商誉			减：库存股		
长期待摊费用		143 000	盈余公积		135 686
递延所得税资产			未分配利润		220 000
其他非流动资产			所有者权益合计		5 355 686
非流动资产合计		3 892 000			
资产总计		8 149 645	权益总计		8 149 645

3.

项　目	行次	本期金额
一、营业收入		1 305 000
减：营业成本		805 000
营业税金及附加		5 000
销售费用		20 000
管理费用		150 000
财务费用		41 000
资产减值损失		
加：公允价值变动收益（损失以"－"号填列）		
投资收益（损失以"－"号填列）		35 000
其中：对联营企业和合营企业的投资收益		
二、营业利润（亏损以"－"号填列）		319 000
加：营业外收入		50 000
减：营业外支出		19 000
其中：非流动资产处置损失		
三、利润总额（亏损总额以"－"号填列）		350 000
减：所得税费用		115 500
四、净利润（净亏损以"－"号填列）		234 500
五、每股收益		
（一）基本每股收益		
（二）稀释每股收益		

4.

(1)速动比率=速动资产平均金额/流动负债平均金额=[(100+100+500+460+2 850+2 660)/2]/[(2 350+2 250)/2]=1.45。

评价乙公司的短期偿债能力时，需要考虑应收账款的变现能力。乙公司按照应收账款余额的5%计提坏账准备，2013年年末账龄三年以上的应收账款已达到应收账款余额的10%，实际坏账很可能比计提的坏账准备多，从而降低乙公司的短期偿债能力。乙公司的生产经营存在季节性，报表上的应收账款金额不能反映平均水平。即使使用年末和年初的平均数计算，仍然无法消除季节性生产企业年末数据的特殊性。乙公司年末处于经营淡季，应收账款、流动负债均低于平均水平，计算结果不能正确反映乙公司的短期偿债能力。

(2)应收账款周转次数 = 营业收入/应收账款平均余额 = 14 500/[(2 850 + 150 + 2 660 + 140)/2] = 5。

乙公司的生产经营存在季节性，报表上的应收账款余额不能反映平均水平，即使使用年末和年初的平均数计算，仍然无法消除季节性生产企业年末数据的特殊性。乙公司年末处于经营淡季，应收账款余额低于平均水平，计算结果会高估应收账款变现速度。

计算应收账款周转次数时应使用赊销额，由于无法取得赊销数据而使用销售收入计算时，会高估应收账款周转次数。乙公司 2013 年降低了赊销客户比例，现销比例增大，会进一步高估应收账款变现速度。

图书在版编目（C I P）数据

会计学习题集 / 沈航，刘晓英，张黄主编. --长沙：中南大学出版社，2017.7

ISBN 978 -7 -5487 -2887 -0

Ⅰ.①会… Ⅱ.①沈… ②刘… ③张… Ⅲ.①会计学－习题集
Ⅳ.①F230 -44

中国版本图书馆 CIP 数据核字(2017)第 174671 号

会计学习题集

沈 航 刘晓英 张 黄 主编

□**责任编辑** 彭达升
□**责任印制** 易红卫
□**出版发行** 中南大学出版社
社址：长沙市麓山南路 邮编：410083
发行科电话：0731 -88876770 传真：0731 -88710482
□**印 装** 长沙市宏发印刷有限公司

□**开 本** 787 ×1092 1/16 □**印张** 6.25 □**字数** 160 千字
□**版 次** 2017 年 7 月第 1 版 □2017 年 7 月第 1 次印刷
□**书 号** ISBN 978 -7 -5487 -2887 -0
□**定 价** 18.00 元